古代歷史文化研究輯刊

三一編

王明蓀 主編

第 8 冊

明代南直隸進士群體研究（第三冊）

管宏杰 著

國家圖書館出版品預行編目資料

明代南直隸進士群體研究（第三冊）／管宏杰 著 -- 初版 --
新北市：花木蘭文化事業有限公司，2024〔民 113〕
目 4+186 面；19×26 公分
（古代歷史文化研究輯刊 三一編；第 8 冊）
ISBN 978-626-344-660-1（精裝）
1.CST：科舉 2.CST：文官制度 3.CST：明代
618   112022524

古代歷史文化研究輯刊
三一編　第 八 冊　　　　　　ISBN：978-626-344-660-1

明代南直隸進士群體研究（第三冊）

作　　者　管宏杰
主　　編　王明蓀
總 編 輯　杜潔祥
副總編輯　楊嘉樂
編輯主任　許郁翎
編　　輯　潘玟靜、蔡正宣　美術編輯　陳逸婷
出　　版　花木蘭文化事業有限公司
發 行 人　高小娟
聯絡地址　235 新北市中和區中安街七二號十三樓
　　　　　電話：02-2923-1455／傳真：02-2923-1452
網　　址　http://www.huamulan.tw 信箱 service@huamulans.com
印　　刷　普羅文化出版廣告事業
初　　版　2024 年 3 月
定　　價　三一編 37 冊（精裝）新台幣 110,000 元

明代南直隸進士群體研究（第三冊）

管宏杰 著

目

次

第六章　明代南直隸進士群體的歷史貢獻

　　明代南直隸進士群體入仕者共 3725 人，占明代南直隸進士總數的 97.21%；還有未仕、未仕卒及最高任官狀況不詳者共 107 人，僅占明代南直隸進士總數的 2.79%。就南直隸進士最高任官品級而言，仕至一品官者 20 人，二品官者 253 人，三品官者 512 人，四品官者 917 人，五品官者 689 人，六品官者 399 人，七品官者 880 人，八品官者 46 人，九品官者 5 人，流外官者 4 人。他們在中央行政部門和地方行政部門任職，仕至京官者共 1366 人，仕至地方官者共 2359 人，雖品級、職權不一，但在各自的行政崗位上不同程度地做出了促進明代社會持續向前發展的歷史貢獻。

第一節　明代南直隸進士的最高任官狀況

　　明代南直隸進士擔任最高官職為京官者共 1366 人，占明代南直隸進士總數的 35.57%；擔任最高官職為地方官者共 2359 人，占明代南直隸進士總數的 61.43%。

一、京官

（一）明代南直隸進士仕至京官品級分布狀況

　　京官即指在中央行政機構任職的官員。茲謹據《明實錄》和明代各種文集、人物傳記、墓誌銘、行狀、明清南直隸方志的相關記載，逐一對明代南直隸進士仕至京官品級進行考證確認並統計，製表如下。

明代南直隸進士仕至京官品級統計表

府、州名稱	蘇州	常州	松江	徽州	應天	揚州	鎮江	安慶	鳳陽	寧國	盧州	淮安	太平	池州	滁州	廣德州	徐州	和州	總數
正一品	0	1	0	0	0	0	0	0	0	0	0	0	0	0	0	0	0	0	1
從一品	6	1	1	1	2	1	1	6	0	0	0	0	0	0	0	0	0	0	19
正二品	33	18	13	13	15	10	1	9	6	2	5	2	0	4	1	0	0	1	133
從二品	0	0	0	0	0	0	0	0	0	0	0	0	0	0	0	0	0	0	0
正三品	43	22	23	17	12	19	3	8	2	9	5	4	4	8	1	4	0	0	184
從三品	10	6	8	5	2	3	2	5	4	3	1	0	0	1	0	0	0	0	57
正四品	21	9	9	5	4	3	7	4	1	0	3	2	0	2	1	0	1	0	72
從四品	5	0	1	0	2	0	0	0	0	1	0	0	0	0	0	0	0	0	9
正五品	70	35	30	20	21	13	17	6	17	6	9	5	6	3	1	0	4	0	263
從五品	29	31	12	9	8	9	5	5	3	4	2	0	1	3	3	2	0	0	126
正六品	85	68	54	31	24	20	16	0	10	11	12	7	7	1	1	1	2	2	352
從六品	6	4	2	0	1	1	0	19	0	1	0	0	0	0	0	0	0	0	34
正七品	11	4	11	4	2	3	0	2	1	2	2	0	0	1	0	2	0	2	47
從七品	6	6	2	3	2	0	2	1	0	2	0	0	0	1	1	0	0	0	28
正八品	12	3	4	4	3	2	2	0	3	3	1	2	0	0	0	0	0	0	39
從八品	0	1	0	0	0	1	0	0	0	0	0	0	0	0	0	0	0	0	2
正九品	0	0	0	0	0	0	0	0	0	0	0	0	0	0	0	0	0	0	0
從九品	0	0	0	0	0	0	0	0	0	0	0	0	0	0	0	0	0	0	0
流外官	0	0	0	0	0	0	0	0	0	0	0	0	0	0	0	0	0	0	0
總　數	337	209	172	109	106	87	54	66	48	42	42	22	18	23	9	10	7	5	1366

　　由上表可知，明代南直隸進士擔任最高官職為京官者共 1366 人，占明代南直隸進士總數的 35.57%。其中，仕至京官正一品官者僅 1 人，即萬曆四十一年狀元周延儒，常州府宜興縣人，仕至太師；仕至京官從一品者 19 人，京官正二品者 133 人，京官正三品者 184 人，京官從三品者 84 人，京官正四品者 72 人，京官從四品者 9 人，京官正五品者 263 人，京官從五品者 126 人，京官正六品者 352 人，京官從六品者 34 人，京官正七品者 47 人，京官從七品者 28 人，京官正八品者 39 人，京官從八品者 3 人。

明代文官分九品十八階，正一品至從三品為高級官員，正四品至從六品為中級官員，正七品至從九品以至流外官為低級官員。以此為劃分標準，則南直隸進士仕至京官高級官員者共 394 人，占南直隸進士仕至京官者總數的28.84%；仕至京官中級官員者 856 人，占南直隸進士仕至京官者總數的62.67%；仕至京官低級官員者 116 人，占南直隸進士仕至京官者總數的 8.49%。由此可見，91.51%的南直隸進士仕至京官中高級官員，在官本位制社會，這對其發揮政治影響力無疑是及其有利的。

（二）明代南直隸進士仕至京官行政職務分布狀況

明代中央行政體制由六部、都察院、通政司、大理寺、詹事府、太常寺、光祿寺、太僕寺、苑馬寺、鴻臚寺、尚寶司、國子監、翰林院、六科、行人司等機構組成，因職權不一，故其發揮的政治影響力也就不同。茲謹據《明實錄》和明代各種文集、人物傳記、墓誌銘、行狀、明清南直隸方志的相關記載，將明代南直隸進士仕至京官行政職務分布狀況論述如下。

明代南直隸進士仕至太師者僅 1 人，少師 2 人，少保 1 人，太子太師 3 人，太子太保 5 人，太子太傅 3 人，六部尚書 111 人，六部侍郎 90 人，都察院都御史 22 人，副都御史 43 人，僉都御史 27 人，通政使 21 人，詹事府詹事 3 人，少詹事 2 人，尚寶司卿 22 人，尚寶司丞 7 人，尚寶少卿 2 人，太常寺卿 16 人，太常寺少卿 11 人，太常寺丞 7 人，光祿寺卿 14 人，光祿少卿 7 人，光祿寺丞 3 人，苑馬寺卿 5 人，苑馬寺少卿 1 人，國子祭酒 9 人，國子司業 3 人，國子監丞 1 人，國子博士 2 人，太僕寺卿 40 人，太僕寺少卿 19 人，太僕寺丞 8 人，鴻臚寺卿 2 人，鴻臚寺少卿 2 人，大理寺卿 13 人，大理寺少卿 4 人，大理寺丞 8 人，大理寺正 3 人，大理寺副 3 人，大理寺評事 25 人，六部郎中 126 人，六部員外郎 107 人，六部主事 250 人，侍讀侍講學士 5 人，侍讀侍講 3 人，春坊中允 5 人，春坊諭德 10 人，春坊贊善 3 人，太醫院院使 1 人，翰林院學士 1 人，翰林院檢討 12 人，翰林院編修 18 人，行人司司正 1 人，行人司司副 1 人，行人司行人 42 人，中書舍人 14 人，十三道監察御史 162 人，六科都給事中 4 人，六科給事中 124 人。

綜上可知，明代南直隸進士仕至京官者幾乎遍布所有的中央行政機構，其中還不乏三公、七卿者，他們職位尊顯，分理中央行政日常事務，憑藉國家授予的法定行政權力對明代政治發揮影響，是明代中央行政機構正常運行的有力推動者。

二、地方官

（一）明代南直隸進士仕至地方官品級分布狀況

地方官即指在地方兩直十三布政司暨遼東任官的官員。茲謹據《明實錄》和明代各種文集、人物傳記、墓誌銘、行狀、明清南直隸方志的相關記載，逐一對明代南直隸進士仕至地方官品級進行考證確認並統計，製表如下。

南直隸進士仕至地方官品級統計表

府、州名稱	蘇州	常州	松江	徽州	應天	揚州	鎮江	安慶	鳳陽	寧國	廬州	淮安	太平	池州	滁州	廣德州	徐州	和州	總數
從二品	20	21	17	8	11	7	0	15	5	7	2	0	2	3	1	1	0	0	120
正三品	26	10	6	4	3	1	0	3	2	3	2	0	0	0	1	0	0	0	61
從三品	51	32	25	14	16	11	2	32	5	5	7	3	7	4	2	3	0	1	220
正四品	146	110	65	69	70	46	36	0	12	26	25	31	18	8	9	7	0	4	682
從四品	37	18	18	13	19	4	1	10	10	5	1	9	5	2	1	0	1	0	154
正五品	62	31	23	26	31	17	11	1	0	6	5	2	8	7	3	1	1	0	235
從五品	14	8	3	7	7	4	3	11	0	1	1	1	2	1	1	1	0	0	65
正六品	6	2	0	3	0	1	1	0	0	0	0	0	0	0	0	0	0	0	13
從六品	1	0	0	1	0	0	0	0	0	0	0	0	0	0	0	0	0	0	2
正七品	171	138	71	70	60	51	42	4	39	28	23	27	12	10	7	4	4	2	763
從七品	5	1	3	2	1	1	4	2	3	4	2	0	0	2	0	0	0	0	30
正八品	1	0	0	0	0	1	1	0	0	0	0	0	0	0	1	0	0	0	5
從八品	0	0	0	0	0	0	0	0	0	0	0	0	0	0	0	0	0	0	0
正九品	1	0	0	0	0	0	0	0	0	0	0	0	0	0	0	0	0	0	1
從九品	0	0	1	0	1	0	0	0	1	0	0	0	1	0	0	0	0	0	4
流外官	2	1	0	1	0	0	0	0	0	0	0	0	0	0	0	0	0	0	4
總　數	543	372	232	218	220	144	101	79	76	85	68	73	55	37	25	18	6	7	2359

由上表可知，明代南直隸進士擔任最高官職為地方官者共 2359 人，占明代南直隸進士總數的 61.43%。其中，仕至地方官從二品者 120 人，地方官正三品者 61 人，地方官從三品者 220 人，地方官正四品者 682 人，地方官從四品者 154 人，地方官正五品者 235 人，地方官從五品者 65 人，地方官正六品

者 13 人，地方官從六品者 2 人，地方官正七品者 673 人，地方官從七品者 120
人，地方官正八品者 5 人，地方官正九品者 1 人，地方官從九品者 4 人，流外
官 4 人。

　　筆者把仕至正一品至從三品視作高級官員，正四品至從六品視作中級官
員，正七品至從九品以至流外官視作低級官員。以此為劃分標準，則南直隸進
士仕至地方官高級官員者共 401 人，占南直隸進士仕至地方官者總數的 17%；
仕至地方官中級官員者 1151 人，占南直隸進士仕至地方官者總數的 48.79%；
仕至地方官低級官員者 807 人，占南直隸進士仕至地方官者總數的 34.21%。
由此可見，65.79% 的南直隸進士仕至地方中高級官員，在官本位社會，這對其
在地方上不受上官影響從而獨立自主施政，發揮自己的政治影響力是有利的。

（二）明代南直隸進士仕至地方官行政職務分布狀況

　　地方官是維繫中央與地方關係的紐帶，為親民之官，對地方社會基層秩序
的穩定與否起著至關重要的作用。明代地方法定的管理體制是三司分制，即布
政司、按察司和都指揮使司分理地方軍政事務。布政司長官為布政使，屬官有
參政、參議、經歷、都事、照磨、檢校、理問；按察司長官為按察使，屬官有
副使、僉事、經歷、知事、照磨、檢校、司獄；上述官吏各司其職，維護著社
會秩序的穩定。明中後期後，隨著社會矛盾的加劇，明廷設置的巡撫、總督日
益凌駕於三司之上，成為地方最高的軍政長官。茲謹據《明實錄》和明代各種
文集、人物傳記、墓誌銘、行狀、明清南直隸方志的相關記載，將明代南直隸
進士仕至地方官行政職務分布狀況論述如下。

　　明代南直隸進士仕至巡撫者 20 人，布政使 120 人，參政 160 人，參議 152
人，知府 300 人，府同知 29 人，府通判 14 人，府推官 50 人，府知事 1 人，
府經歷 1 人，錦衣衛經歷 2 人，知州 56 人，州判官 2 人，兩京府尹 7 人，兩
京府丞 9 人，京府治中 1 人，鹽運使 13 人，鹽運司同知 1 人，按察使 54 人，
副使 410 人，僉事 202 人，按察司知事 1 人，知縣 713 人，縣丞 1 人，王府長
史 19 人，王府紀善 2 人，府儒學教授 4 人，縣儒學教諭 1 人，州儒學學正 2
人，訓導 2 人。

　　綜上可知，明代南直隸進士仕至地方官者人數眾多，分理民政、財政、治
安、司法、民生、學政、水利等諸多事務，他們是皇權在地方基層社會的代表
和皇帝意志的執行者，推動著明帝國地方社會的有序運行，也在很大程度上決
定著明帝國地方社會的治亂興衰。

第二節　明代南北直隸進士任官對比

明朝實行兩京管理體制。洪武十一年正月，改南京為京師。洪武十三年正月，罷中書省，以其所領直隸六部。永樂元年正月復稱南京，也稱「南直隸」，簡稱「南直」〔註1〕。永樂十九年正月，改北京為京師，六部去「行在」二字。為與南直隸相區別，稱「北直隸」，簡稱「北直」〔註2〕。因閣臣地位尊崇，法定的職責雖是輔助明帝決策政務，但至萬曆前期，內閣首輔張居正赫然為真宰相，成為當時明帝國實際政權的掌握者，使得內閣成為當時的中樞機構，這都說明閣臣在明朝有著特殊的地位，是明帝國權力機構有序運行的重要保障；明太祖廢除丞相制後，中央六部尚書成為法定的最高行政長官。因此，以閣臣、尚書作為明代直隸進士所任職官的對比對象，不僅具有代表性，而且可為探討明代南直隸進士的政治影響及歷史貢獻提供一個新的視角。

一、閣臣

（一）明代實任閣臣總數新考

內閣制度歷來是明史研究的重點和熱點，其中，明代實任閣臣數是研究內閣制度最為重要的基本問題之一。對此，學界前輩已做了有益的探討，主要有：王其榘《明代內閣制度史》認為明代閣臣有 164 人〔註3〕，王天有《明代國家機構研究》認為明代實任閣臣有「162 人」〔註4〕，譚天星《明代內閣政治》也認為明代實任閣臣只有「162 人」〔註5〕，關廣發、顏廣文《明代政治制度研究》認為明代實任閣臣有「163 人」〔註6〕，吳琦、洪早清《明代閣臣群體構成的主要特徵》認為明代實任閣臣共「162 人」〔註7〕，2010 年，田澍發表《明代閣臣數考實》一文（以下簡稱「田文」），指出「確定閣臣身份的標準只

〔註1〕據《明太祖實錄》卷四、三四（第45、559頁）和《明史》卷四〇《地理一》，第910頁。

〔註2〕據《明太宗實錄》卷一七、二二九、二三一，第301～302頁、2227頁、2234頁。

〔註3〕王其榘：《明代內閣制度史》，北京：中華書局，1989年，第378頁。

〔註4〕王天有：《明代國家機構研究》，北京：北京大學出版社，1992年，第45頁。

〔註5〕譚天星：《明代內閣政治》，北京：中國社會科學出版社，1996年，第197頁。

〔註6〕關廣發、顏廣文：《明代政治制度研究》，北京：中國社會科學出版社，1996年，第42頁。

〔註7〕吳琦、洪早清《明代閣臣群體構成的主要特徵》，《華中師範大學學報》2007年第3期。

有一條，那就是入值文淵閣參預機務的經歷」，以此為確認標準，經過全面系統考證，確認明代實任閣臣總數為「161 人」〔註8〕，得到了學界廣泛認同和採用。但其認為萬曆朝于慎行也為實任閣臣，似仍有商榷空間

　　考察于慎行是否入閣辦事，需在全面佔有相關史料的基礎上，作系統的梳理，方可能得出客觀的結論。現存史料中，對該事記載最為原始可信的莫過於《萬曆起居注》一書〔註9〕。據《萬曆起居注》載，萬曆三十五年五月，明廷會推閣臣，御點于慎行、李廷機、葉向高三人〔註10〕。時會推閣臣在入閣辦事前，需經見朝—面恩—謝恩例行禮儀環節。如該年閏六月十八日，李廷機奏：「臣於本月十六日見朝，次日恭候面恩，該內閣照例題請到任。臣謹於十八日午門前謝恩，即到任辦事訖」〔註11〕；該年十一月庚子（十一日），于慎行至京〔註12〕；辛丑（十二日），葉向高至京〔註13〕。十六日，于慎行恭候面恩，然「陛見之辰，以怯寒，拜起舒緩」〔註14〕，「乞暫假調理，從之」；二十五日，葉向高奏：「臣於本月十三日見朝，次日報名謝恩，仍候面恩，該內閣照例題請到任，奉聖旨：『知道了，著即入閣辦事，欽此』。臣謹於二十五日午門前謝恩，即到任辦事訖」〔註15〕。可見，李廷機、葉向高皆經見朝—面恩—謝恩環節後，方入閣辦事，而于慎行十六日面恩後，因病暫假調理，於二十二日申時病故〔註16〕，終未入閣辦事。這一點，葉向高所撰《太子少保禮部尚書兼東閣大學士贈太子太保謚文定於公墓誌銘》有更為具體的記載：「穀山于公（慎行）以大宗伯謝病里居者十七年，乃與余同拜綸扉之命，同趨朝，而公忽病，病遂不起」〔註17〕，又載：「至丁未歲，廷推閣臣七人，公為首……乃自力前抵近郊，尚平善。陛見之辰，以怯寒，拜起舒緩。司儀者欲毋科，公不可，仍自具

〔註 8〕田澍：《明代閣臣數考實》，《文獻》2010 年第 3 期。

〔註 9〕該書通行點校本為南炳文、吳彥玲：《輯校萬曆起居注》，天津：天津古籍出版社，2010 年。下引史料皆源於此版本。

〔註10〕南炳文、吳彥玲：《輯校萬曆起居注》，第 2428 頁。

〔註11〕南炳文、吳彥玲：《輯校萬曆起居注》，第 2434 頁。

〔註12〕《明神宗實錄》卷四四〇「萬曆三十五年十一月庚子」，第 8335 頁。

〔註13〕《明神宗實錄》卷四四〇「萬曆三十五年十一月辛丑」，第 8338 頁。

〔註14〕〔明〕葉向高：《蒼霞續草》卷十《太子少保禮部尚書兼東閣大學士贈太子太保謚文定於公墓誌銘》，第 100～101 頁。

〔註15〕南炳文、吳彥玲：《輯校萬曆起居注》，第 2470 頁。

〔註16〕南炳文、吳彥玲：《輯校萬曆起居注》，第 2468～2469 頁。

〔註17〕〔明〕葉向高：《蒼霞續草》卷十《太子少保禮部尚書兼東閣大學士贈太子太保謚文定於公墓誌銘》，《四庫禁燬書叢刊》集部 125 冊，98 頁。

疏請罪。上溫旨慰公，令亟視事。而公固敕舍人勿解裝，為歸計。自是病臥。一日，忽草遺疏，惓惓以親近大臣、補言官起廢棄為請，呼所善門人孝廉唐公靖、郭應寵，使潤色數語節，伏枕長歎曰：『吾終不能報國矣』，更數日病逝……卒為萬曆丁未年十一月二十二日」〔註18〕。綜上，于慎行雖經皇帝簡用入內閣，但因病未「視事」，沒有入直文淵閣參預機務的經歷，有閣臣之名而無閣臣之實，故不能將其視作實任閣臣；緣此，明代實任閣臣總數應為 160 人。

（二）明代南北直隸實任閣臣地域分布的對比

明代 160 名實任閣臣，除楊士奇、胡儼、陳山、張瑛、俞綱外，其餘 155 人俱由進士出身。本文以「現籍地」作為確認閣臣屬地的通常標準，也即以其入閣時的「現戶籍所在地」作為確認閣臣屬地的依據。其因主要有三：一是閣臣與「現戶籍所在地」聯繫更緊密，與「原籍地」關聯不大，入閣後，代表的也是「現戶籍所在地」的地方利益。二是該標準具有客觀唯一性，因每位閣臣的「現籍地」只有一個，而「原籍地」可能有兩個甚至數個，故以「現籍地」作為確認閣臣屬地的依據，能有效避免以往研究中常見的重複統計。三是明代史籍尤其是科舉錄文獻在記載閣臣屬地時，通常都要記載其「現籍地」，從而為今人對其進行全面、系統的統計提供了可行性。依據上述實任閣臣屬地的確認標準，筆者在全面佔有相關史料的前提下對明代直隸進士出身實任閣臣的屬地逐一進行考證和統計，結果如下表所示：

明代直隸進士出身實任閣臣姓名及地域分布統計表

轄 區	實任閣臣姓名	總數
南直隸	高谷、苗衷、張益、徐溥、王鏊、靳貴、楊一清、顧鼎臣、徐階、嚴訥、李春芳、申時行、許國、王錫爵、顧秉謙、丁紹軾、周道登、錢龍錫、周延儒、何如寵、吳宗達、徐光啟、文震孟、孔貞運、程國祥、吳甡、	26
北直隸	曹鼐、王文、徐珵、岳正、劉吉、李東陽、曹元、石珤、翟鑾、李時、方從哲、朱國祚、孫承宗、魏廣微、黃立極、馮銓、李國楷、李標、成基命、魏藻德、范景文	21

本表數據係根據現存明代《登科錄》《明實錄》《會試錄》《鄉試錄》等科舉文獻以及各種人物傳記、墓誌銘、行狀、各地明清方志和《弇山堂別集·內閣輔臣年表》《明史·宰輔年表》的相關記載，通過對明代實任閣臣屬地進行逐一的考證確認和統計而得。

〔註18〕〔明〕葉向高：《蒼霞續草》卷十《太子少保禮部尚書兼東閣大學士贈太子太保謚文定於公墓誌銘》，第 100～101 頁。

明代南直隸進士出身實任閣臣的屬地，存在歧異的是楊一清。關於楊一清的屬地，其入閣前現籍地為湖廣岳州府巴陵縣，學界也都認為楊一清為湖廣閣臣，這是沒有仔細考察其入閣後現籍地發生變動的緣故。成化九年，楊一清「以父艱解官，訪姊氏於丹徒，會公前室段氏繼卒，貧窶不任遠歸，乃葬丹徒，因家焉」〔註19〕，其現籍地也就由「湖廣岳州府巴陵縣」變更為「直隸鎮江府丹徒縣」，也即在其入閣之前（正德十年，一清入閣），其現戶籍所在地為「直隸鎮江府丹徒縣」，故確認其為南直隸閣臣。

綜上，南直隸進士出身實任閣臣共有 26 名，占明代進士出身實任閣臣總數的 16.77%；北直隸進士出身實任閣臣共有 21 名，占明代進士出身實任閣臣總數的 13.55%。相比之下，南直隸進士出身實任閣臣占比高出北直隸進士出身實任閣臣 3.22 個百分點。究其原因，是與明代推行科舉制度密切相關。據筆者考證，有明一代，南、北直隸進士分別為 3832、2419 人，南直隸進士比北直隸進士多 1413 人，在明中後期銓選「唯重進士」的背景下，南直隸進士進入內閣的機率自然大於北直隸進士。緣此，明代南直隸進士在實任閣臣群體中獨佔鰲頭，在輔政決策上具有的政治優勢也就大於北直隸進士，這是南直隸進士群體突出的歷史貢獻。

二、尚書

明太祖廢除延續千年的丞相制後，明代六部尚書成為法定的最高行政長官，他們在中央具體執行皇帝的意志的同時，也命令全國各地行政官員忠實執行，因此在明代官僚系統中具有重要的地位。那麼，六部實任尚書在南、北直隸的地域分布狀況是如何的呢？

筆者在全面佔有相關史料的前提下對明代六部實任尚書屬地逐一進行考證和統計，其在南、北直隸的地域分布狀況如下表所示：

明代六部實任尚書在南北直隸地域分布統計表

轄區	吏部尚書	戶部尚書	禮部尚書	兵部尚書	刑部尚書	工部尚書	總數
南直隸	7	12	18	9	11	12	69
北直隸	15	14	10	25	9	14	87

〔註19〕〔明〕焦竑：《國朝獻徵錄》卷一五《特進光祿大夫左柱國少師兼太子太師吏部尚書華蓋殿大學士贈太保諡文襄楊公一清行狀》，《續修四庫全書》第 525 冊，第 521 頁。原文為「十四」，誤，徑改之。

由上表可知，明代南直隸進士共有 69 人擔任六部實任尚書，其中 7 人擔任吏部尚書，12 人擔任戶部尚書，18 人擔任禮部尚書，9 人擔任兵部尚書，11 人擔任刑部尚書，12 人擔任工部尚書；北直隸進士共有 87 人擔任六部實任尚書，其中 15 人擔任吏部尚書，14 人擔任戶部尚書，10 人擔任禮部尚書，25 人擔任兵部尚書，9 人擔任刑部尚書，14 人擔任工部尚書。

綜上，明代北直隸進士擔任六部實任尚書的人數比南直隸進士擔任六部實任尚書的人數多出 18 人，在官本位體制下，北直隸有更多的進士可以在執行皇帝意志的前提下全面掌握並直接處理六部政務，總體上比南直隸進士群體稍具優勢。

第三節　明代南直隸進士群體的歷史貢獻

明代南直隸進士群體經過層層激烈的考試競爭，最終取得進士功名，具備入仕的資格，進入仕途後對明代社會做出了的卓越的歷史貢獻，集中體現在政治和文化兩個方面。

一、明代南直隸進士群體的政治貢獻

（一）入閣輔政　參預機務

明代南直隸進士出身的實任閣臣中有高谷、徐溥、王鏊、靳貴、李春芳、嚴訥等 26 人，其中政績突出者當屬徐溥、徐階二人。

徐溥，字時用，南直隸常州府宜興縣人，景泰五年探花，孝宗即位後，首膺簡入內閣，參預機務，輔政達十二年之久，弘治八年至十一年任內閣首輔[註20]。徐溥輔政時期主要的政績是，遇事「鎮以安靜，務守成法」。弘治五年十月，欽天監革職監正李華為昌國公張巒擇葬地，自敘其勞，孝宗皇帝准其復官。徐溥與李東陽、謝遷合力並爭，言道：「聖上即位以來，未嘗有內降。幸門一開，未流安底。臣等不敢奉詔」[註21]。經過徐溥等人合力爭之，孝宗皇帝收回成命，仍令李華致仕；弘治七年，太皇太后召崇王來朝，徐溥與禮部尚書倪岳等人上奏：「今各處災傷，人民窮困，正上下交修慎守封疆之時，王之舉措，未宜輕易」[註22]，事情乃止；弘治八年十月，占城國王奏安南國侵

〔註20〕〔明〕王世貞：《弇山堂別集》卷四五《內閣輔臣年表》，第 838 頁。
〔註21〕〔清〕張廷玉：《明史》卷一八一《徐溥傳》，第 4805 頁。
〔註22〕《明孝宗實錄》卷九三「弘治七年十月壬戌」，第 3218 頁。

擾，請求明廷遣使臣「往為講解」，弘治皇帝欲遣官前往，徐溥言道：「外國相侵，命令有司檄諭之，足矣，不必專遣使臣前往。萬一安南國抗命，則有損朝廷國體，如果興師問罪，則後患滋大」〔註23〕，弘治帝聽從徐溥的建議，罷潛使臣。以上事例說明徐溥深受弘治帝器重，老成謀國，其治國理念是安守成法，務求安靜，對「弘治中興」局面的出現起到了積極的歷史作用。《明史》對其評價云：「性凝重有度，在內閣十二年，從容輔導。人有過誤，輒為掩覆……屢遇大獄及逮繫言官，委曲調劑。孝宗仁厚，多納溥等所言，天下陰受其福」〔註24〕，這個評價客觀中肯，是符合歷史事實的。

　　徐階，字子升，南直隸松江府華亭縣人，嘉靖二年探花，嘉靖三十一年入閣輔政，嘉靖四十一年取代嚴嵩為內閣首輔，隆慶二年致仕，在內閣輔政達十七年之久。徐階輔政時期的主要政績有：其一，堅定不移維護裕王（即後來的隆慶帝）皇儲首選地位。嘉靖三十二年（1553），兵部員外郎楊繼盛彈劾嚴嵩罪狀，奏疏中有「二王皆知其奸」之語。嘉靖帝震怒，逮捕楊繼盛，下錦衣衛詔獄。嚴嵩唆使其黨羽錦衣衛左都督陸炳，窮究幕後主使者，妄圖牽連裕王。徐階告誡陸炳說：「如果不謹慎，一旦牽涉到皇子，國家怎麼辦！」，另外又直言對嚴嵩說：「皇上只有兩個兒子，一定不忍用來向您認錯，所懲處的只是身邊的人罷了，您怎麼能公開與宮廷結怨呢？」〔註25〕，嚴嵩聽後悚然畏懼，才停止追查此事。其二，促使嘉靖帝罷免嚴嵩父子，致力於政治革新。嘉靖二十一年嚴嵩入閣輔政，二十七年升任內閣首輔，由於善寫青詞，善於迎合揣摩嘉靖帝心思，甚得帝意，以致專擅朝政十多年。在其當國其間，賣官鬻爵，迫害忠良，把持言路，政以賄成，致使吏治極為腐敗，明帝國的社會危機日益加劇。嘉靖三十二年，兵部員外郎楊繼盛彈劾嚴嵩十大罪狀，三十七年（1558），刑科給事中吳時來，刑部主事張翀、董傳策同時上疏彈劾嚴嵩，加上嚴嵩因年高不能及時批答嘉靖帝下達的奏疏，或批答不合帝意，漸漸失去嘉靖帝的寵信。嘉靖四十年，嘉靖帝所居住的永壽宮因火災被毀，於是暫時避居玉熙殿，但該殿太過狹小，嘉靖帝很不滿意，於是詢問嚴嵩該怎麼辦，嚴嵩貿然建議讓嘉靖帝遷居南城離宮，而該處曾是英宗被囚禁之所，嘉靖帝對此十分不滿。而徐階則建議利用建造其他宮殿時所剩下的木料重修營建永壽宮，甚合帝意。從此，

〔註23〕〔清〕張廷玉：《明史》卷一八一《徐溥傳》，第4805頁。
〔註24〕〔清〕張廷玉：《明史》卷一八一《徐溥傳》，第4805頁。
〔註25〕〔清〕張廷玉：《明史》卷二一三《徐階傳》，第5632頁。

嘉靖帝愈加寵信徐階，凡軍政大事，都問計於徐階，而對嚴嵩則日益疏遠。此外，徐階厚交因擅長扶乩而受嘉靖帝寵信的道士藍道行，一日，嘉靖帝問藍道行：「今天下何以不治」，藍道行答曰：「賢不竟用，不肖不退耳；賢如徐階、楊博，不肖如嵩」，嘉靖帝又問：「果真如此，上天為何不收拾他呢？」，藍道行答道：「留待皇帝親自解決此事」。迷信方術的嘉靖帝遂有剷除嚴嵩的念頭。徐階得知帝意後，立即讓御史鄒應龍上疏彈劾嚴嵩諸多不法事，嘉靖帝遂下詔：「人惡嚴嵩久矣……縱逆丑負朕，其令致仕予傳去」〔註26〕，專擅朝政十多年的嚴嵩就這樣推出了歷史舞臺。嘉靖四十三年冬，御史林潤上疏彈劾嚴世蕃橫行不法，嘉靖帝下詔逮捕嚴世蕃，交由三法司審訊。徐階讓刑部尚書黃光昇上奏階起草的奏疏，上列嚴世蕃造反事，嘉靖帝遂下詔斬嚴世蕃於市。事後，嘉靖帝下詔抄沒嚴嵩家產，兩年後，嚴嵩在貧病交加中死去，作惡多端的嚴嵩父子終於得到了應有的報應。徐階取代嚴嵩任首輔後，在內閣直廬內標上三句話，「以威福還主上，以政務還諸司，以用捨刑賞還公論」〔註27〕，旨在妥善調整君臣之間，閣臣與部、院、寺、監以及地方各級文武官吏之間，內閣與科道官之間的關係，以便營造出新的政治局面；他還說：「天下事，非一人所能為，惟是倡率則有所在。僕不肖，幸夙聞父師之教、朋友之切磨，而又濫荷聖明之誤眷，所謂倡率，不敢辭其咎矣」〔註28〕，在徐階的倡率下，嚴訥被任命為吏部尚書，大力整頓吏治，「訥乃與朝士約，有事白於朝房，毋謁私邸；慎擇曹郎，務抑奔競，振淹滯」〔註29〕。徐階全力支持嚴訥，嚴訥對友人說：「銓臣與輔臣必同心乃有濟，吾掌銓二年，適華亭（徐階）當國，事無阻」〔註30〕。正是在徐階的全力支持下，嚴訥「仿先朝三途並用法，州縣吏政績卓異者破格超擢，銓政一新」〔註31〕。《明史》評價徐階任內閣首輔後的政績，說道：「階當國後，緹騎省減，詔獄漸虛，任事者亦得以功名終，於是論者翕然推階為名相」〔註32〕。其三，起草《嘉靖遺詔》，撥亂反正，奠定嘉、隆之際政局的走

〔註26〕〔清〕談遷：《國榷》卷六三「嘉靖四十一年五月丙午」，第 3978 頁。
〔註27〕〔清〕張廷玉：《明史》卷二一三《徐階傳》，第 5632 頁。
〔註28〕〔明〕徐階：《世經堂集》卷二四《復胡柏泉中丞》，《四庫全書存目叢書》集部第 80 冊，第 120 頁。
〔註29〕〔清〕張廷玉：《明史》卷一九三《嚴訥傳》，第 5116 頁。
〔註30〕〔清〕張廷玉：《明史》卷一九三《嚴訥傳》，第 5117 頁。
〔註31〕〔清〕張廷玉：《明史》卷一九三《嚴訥傳》，第 5116 頁。
〔註32〕〔清〕張廷玉：《明史》卷二一三《徐階傳》，第 5633 頁。

向。嘉靖四十五年十二月二十四日，嘉靖帝逝世，徐階主導起草《嘉靖遺詔》，用嘉靖本人的名義，以自責的口吻，承認自己所犯下的錯誤，宣告嘉靖時代的結束，詔曰：「朕以宗人，入繼大統，獲奉宗廟四十五年……祇緣多病，過求長生，遂致奸人乘機誑惑，禱祀日舉，土木歲興，郊廟之祀不親，朝講之儀久廢，既違成憲，亦負初心」，同時對自己所犯下的錯誤進行糾正，詔曰：「自即位至今，建言得罪諸臣，存者召用，歿者恤錄，見監者即先釋放復職。方士人等，查照情罪，各正刑章，齋醮、工作、採買諸項不經勞民之事，悉皆停止……詔告中外，咸使聞知」〔註33〕。《遺詔》主要在三個方面糾正嘉靖帝所犯錯誤。其一，宣布大赦，對正德十六年四月（嘉靖帝即位）以來迄嘉靖一朝，因直言時政而遭貶謫官員進行昭雪平反，存者召用，歿者恤錄；其二，逮捕方士，照所犯罪行，視情節嚴重定罪；其三，停止齋醮、土木營建、濫收苛捐雜稅、採辦宮廷奢侈用物等擾民、勞民行為。《遺詔》的出臺，在當時具有特殊的意義，其旨在穩定政局，合攏人心，刷新吏治，既對嘉靖帝即位以來的荒誕行為予以全面否定，又為日後隆慶帝施政勾勒出大體輪廓。社會對由徐階主導起草的《遺詔》反應良好，「朝野聞之，皆號痛感激」〔註34〕，王世貞評價《嘉靖遺詔》：「恤錄言事得罪諸臣，雖仿改元詔旨，最為收拾人心機括」〔註35〕。

（二）革除宿弊　造福黎民

　　明代南直隸進士大多致力於革除弊政、造福黎民。如揚州府高郵州進士龔謙，「奉命蒞兩浙治鹽法，嘉興之民有沈姓者，肆橫侵鹽利，根黨盤固，恒自以為，莫敢誰何。君首擒治之，余皆私相勸悔，不敢冒君法。於是浙之人咸驚歎曰：『法舉弊清，前此所未有也』」〔註36〕。揚州府江都縣進士高銓，任河南按察僉事，「歸德有黃河退地千餘頃，為親藩所據，州守亦以租負被頌於朝，命中官及侍郎、都御史按其事，公謂租負責之州，地則民所恃為業者，中官挾以禍福，執不變。公不可，民賴以不病」〔註37〕。松江府華亭縣進士張弼，任

〔註33〕《明世宗實錄》卷五六六「嘉靖四十五年十二月辛丑」，第 9064～9065 頁。

〔註34〕《明通鑒》卷六三「嘉靖四十五年十二月辛丑」，第 6321 頁。

〔註35〕〔明〕王世貞：《觚不觚錄》，《景印文淵閣四庫全書》子部第 1041 冊，第 263 頁。

〔註36〕〔明〕柯潛：《竹岩集》卷一六《監察御史龔君墓誌銘》《景印文淵閣四庫全書》第 1246 冊，第 532 頁。

〔註37〕〔明〕焦竑：《國朝獻徵錄》卷三一《資善大夫南京戶部尚書致仕贈太子少保高公銓墓表》，《續修四庫全書》史部第 526 冊，第 542 頁。

南安知府，「南安，兩廣要衝，大山長谷，亡命嘯眾，為民患者甚眾，公下車悉平之；民有誣人劫財，陷一家數人於死獄者，公辯而活之；大庾嶺路，民素業其商貨往來，雇直之利，後為南安豪強所專，民遂以病，公亟請諸當道者均而復之」〔註38〕。盧州府舒城縣進士秦民悅，任廣平知府，「括流移荒田三千五百頃，聽民耕種，斂租備賑」，以右副都御史巡撫蘇州等處，「屬歲旱，請蠲民賦；皇莊勳戚佃戶為民害，公除之，民賴以寧」〔註39〕。池州府石埭縣進士畢鏘，任湖廣布政使，「有護陵貴璫營求戶部，派徵荊岳等府菱、藕、鯉、鮓等物，著為歲額，公堅持不行，民賴以蘇」〔註40〕。應天府上元縣進士吳璘，任浙江僉事，「上便民十事，大要以正風俗，蘇民困為急。其言自杭抵蘇才五百里，而立兩鈔關；自北新關抵江頭才十里，而立三稅司取利，大多吏蠹緣為奸，乞省裁之。朝廷多行其言」〔註41〕。松江府華亭縣進士彭應麟，任樂清知縣，「樂清在東海之濱，貴家勢族率事武斷，或兼併以自利，乃於小民，則盡屏擾，與之休息」，升任邵武知府後，「鋤強植弱，約己裕民，視樂清益勵，而募兵繕器，外禦倭寇，內制山賊，綱條畢舉，時有措置」〔註42〕。太平府當塗縣進士端廷赦，以右僉都御史巡撫山東，「值邊境多事，調發輪戍，供億不貲。公悉心料理，民不困乏」〔註43〕。應天上元縣進士浦鏞，任監察御史，「巡視鳳陽，去奸懲貪，抑強植弱，辨理冤抑，鳳裁凜然」，升任建寧府知府後，「興學校，課農桑，正風俗，一郡大治。庚寅，歲饑，民有掠食者，上司捕之，公曰：『皆吾赤子也，毋捕』，即加賑恤，民皆感悅。屯軍有欠稅糧者，將鬻妻女以償，公為損己俸償之，夫婦感泣」〔註44〕。應天府江寧縣進士徐琺，任華容知縣，「屬歲歉，寬禁緩責，勞徠賑恤，全活甚眾。縣有黃洋渡，雨潦時至，

〔註38〕〔明〕張弼：《張東海詩文集》卷五《江西南安府知府張公墓誌銘》，《四庫全書存目叢書》集部第39冊，第489頁。

〔註39〕雍正《舒城縣志》卷一六《人物·秦民悅》，雍正刊本。

〔註40〕嘉靖《石埭縣志》卷七《人物志·畢鏘》，嘉靖刊本。

〔註41〕〔明〕王俰：《思軒文集》卷二十《前浙江按察僉事吳君墓誌銘》，《續修四庫全書》集部第1329冊，第634頁。

〔註42〕〔明〕徐階：《世經堂集》卷一七《明故太子太保禮部尚書兼翰林院學士掌詹事府贈太子太保諡文簡孫公墓誌銘》，《四庫全書存目叢書》集部第79冊，第726～727頁。

〔註43〕〔明〕焦竑：《國朝獻徵錄》卷六四《資善大夫南京都察院右都御史端公廷赦墓誌銘》，《續修四庫全書》史部第528冊，第524頁。

〔註44〕〔明〕倪謙：《倪文僖集》卷二九《中議大夫贊治尹建寧府知府浦公墓誌銘》，《景印文淵閣四庫全書》第1245冊，第570頁。

冒其旁田，溢為巨浸。君問知其弊，乃發卒築堤，延數百丈，歲仍大熟。民則歌呼曰：『德我者，徐公乎？』」〔註45〕。南京太醫院籍進士陳沂，任江西布政司參議，「先生素抱經濟，樂於惠民，於是備設科條，以杜奸完賦」，遷山東左參政，「按沂、莒、藤、費諸郡邑，察其災荒，發官帑，市牛百餘頭，給民墾藝，且寬其稅，次年皆熟。又為蠲除種馬、薪木、運布諸徵，民獲蘇息」〔註46〕。應天府江寧縣進士羅輅，任江西袁州府知府，「首重學校，申教茂士，均定民賦，創立團保，悉去勾攝之擾，嚴禁萍鄉之訟。繕亭舍，書鄉訓，以化里社；或積穀以修城，或汰差而教樂」〔註47〕。松江府華亭縣進士沈恩，任四川右布政使，「公素知蜀邊轉餉之艱，民尤憚苦，至，即議徵折色十分之六，歲省浮費約七十餘萬，疲困者頓獲蘇息」，正德十六年三月，沈恩升任左布政使，「公以任專責重，益殫心力，凡可以節財裕民，雖怨謗叢集，不以為憚。時尚沿逆瑾牟漁之利徵解，諸司歲派，倍昂其估，公按制削汰，幾損其半。王府及諸權貴每因修建塋宇，過邀夫價；鎮守中官隨事科擾，莫敢誰何。公一一裁抑，皆不得逞。三載間凡節省民財二百餘萬，積公帑者四十餘萬，迄今蜀人歡頌不忘」〔註48〕。松江府華亭縣進士郁侃，任開州知州，「乃崇禮教，修武備，豪右為之斂跡」，升任潮州府知府，「潮俗獷悍，公治嚴明果信，人心貼服，上官有出令妨民者，皆停閣不報」〔註49〕。蘇州府常熟縣進士徐恪，任湖廣布政司參議，「值兵荒後，加意撫恤，民賴不徙。有中使採竹筍諸物，責非所產地，公移文止之」，升河南右參政，「陝西饑，當運粟萬石，民苦遠，公請出粟易銀，民皆歡悅」，以都察院副都御史巡撫河南，「河南旱溢交作，公請減秋稅，省織造，折鹽課。有藩府占魯山民業，公承命會勘，議歸之民。戶部督積逋急，公以災變，請緩其事，鄰境民來就食，發粟賑之，所活甚眾」〔註50〕。

〔註45〕 〔明〕嚴嵩：《鈐山堂集》卷三十《朝列大夫浙江布政司參議徐君墓誌銘》，《四庫全書存目叢書》集部第 56 冊，第 255 頁。

〔註46〕 〔明〕焦竑：《國朝獻徵錄》卷一百《山西行太僕寺卿陳先生沂墓誌銘》，《續修四庫全書》史部第 531 冊，第 122 頁。

〔註47〕 〔明〕焦竑：《國朝獻徵錄》卷六八《大理寺左少卿羅公輅墓誌銘》，《續修四庫全書》史部第 528 冊，第 724 頁。

〔註48〕 〔明〕唐錦：《龍江集》卷八《四川左布政使西津沈公墓誌銘》，《續修四庫全書》集部第 1334 冊，第 556 頁。

〔註49〕 〔明〕陸深：《儼山集》卷七四《進階亞中大夫黎平府知府郁公宜人王氏合葬墓誌銘》，《景印文淵閣四庫全書》第 1268 冊，第 476～478 頁。

〔註50〕 〔明〕李東陽：《懷麓堂集》卷八十《明故正議大夫資治尹南京工部右侍郎徐公神道碑銘》，《景印文淵閣四庫全書》第 1250 冊，第 844 頁。

鳳陽府虹縣進士陳翌，任戶部郎中，「奉璽書督漕江西。先是，歲賦皆卒伍漕輓，時朝廷用武，始更以民。有司承望風旨，嚴程促辦，民殆弗堪。公曰：『賦無後期，足矣，奚以亟為？』乃循行郡邑，求得其富厚者，俾具舟分漕，且諭之曰：『此一時權宜爾。師還，當無爾勞』，眾樂從焉」，升任山西布政使，「馳傳赴任，公問民疾苦，為蠲其逋稅至十餘萬石。民素利五臺山木，至是有禁，公馳之樵。自雁門既設兵守禦，益戍以民，咸釋之，使歸農業。公既厚民生，可謂役其力矣」〔註51〕。

（三）奉公守法 公正執法

明代南直隸進士群體另一個歷史貢獻是在任職中大多能做到奉公守法、公正執法。如松江府華亭縣進士曹銑，任漳州知府，「漳俗故獷狡，胥吏夤緣舞文，公摘發如神，執其嚴辦之，自是莫敢犯者」〔註52〕。應天府上元縣進士張瑄，任吉安知府，「吉安民號健訟，日不下數十百人，公斷如流，且屢辨疑獄，痛革吏弊，摘伏如神，吉民畏服」〔註53〕。上海縣進士沈恩，任陝西按察副使，「憲度嚴明，一道肅然」，薦升雲南按察使，「既精練法比，又掌風憲之司，於是懲貪殘，雪冤滯，鳳氣為之一新。嘗有邊官犯重辟，略結權倖為求脫死，公不為撓阻，執之彌堅」〔註54〕。松江府華亭縣進士周鷯，任潮州知府，「潮有巨姓蕭甲，挾富稔惡，先時每坐，即以賂脫，公廉得之，卒置於法，潮人歡呼雀躍」〔註55〕。鳳陽府臨淮縣進士顧佐，任刑部郎中，「時錦衣衛都指揮牛循嘗怙勢殺人，鎮守宣府太監顧雄分守紫荆閣，監丞鍾欽事多不發，公按治其罪」〔註56〕。鎮江府金壇縣進士王豪，任監察御史，「會執政家有不法事，執政懼豪，預薦豪為僉都御史，冀附己，果命豪。豪按之，具以實奏，略不為

〔註51〕〔明〕王偁：《思軒文集》卷一三《資政大夫南京戶部尚書陳公神道碑銘》，《續修四庫全書》集部第 1329 冊，第 545～546 頁。

〔註52〕〔明〕莫如忠：《崇蘭館集》卷一九《明故中憲大夫福建漳州知府景坡曹公墓誌銘》，《四庫全書存目叢書》集部第 105 冊，第 14～16 頁。

〔註53〕〔明〕焦竑：《國朝獻徵錄》卷四八《資政大夫南京刑部尚書觀蓓張公瑄墓誌銘》，《續修四庫全書》史部第 527 冊，第 503～504 頁。

〔註54〕〔明〕唐錦：《龍江集》卷八《四川左布政使西津沈公墓誌銘》，《續修四庫全書》集部第 1334 冊，第 556 頁。

〔註55〕〔明〕孫承恩：《文簡集》卷四九《潮州府知府適齋周公墓表》，《景印文淵閣四庫全書》第 1271 冊，第 580 頁。

〔註56〕〔明〕王鏊：《震澤集》卷二三《資善大夫戶部尚書贈太子太保顧公神道碑》，《景印文淵閣四庫全書》第 1256 冊，第 366 頁。

諱」〔註57〕。鎮江府丹徒縣進士吳淮，任監察御史，「奉敕清查畿內勳戚食邑，持法不撓」〔註58〕。常熟縣進士陸昶，任刑部郎中，「按囚事於河南，於山西，皆一訊得其情，議罪咸允。在部治獄，率類是故事。三法司常有大獄，當會奏，各擇其屬之憂典之，公在其選，每奏，眾推公，草立就，皆蔚然成章，鮮不歡服」〔註59〕。常熟縣進士程宗，任刑部主事，「治獄詳慎，卓有才名。時有大臣退休者，當英宗復位之初，畏罪自盡，怨家誣其子謀殺，久不能決，法司奏遣公往訊，所誣遂白」〔註60〕。長洲縣進士張羲，任江西南昌府知府，「清慎守法，見義卓然，始至南昌，即理冤獄出之，民大悅。高安有毛姓，世豪於鄉，縱火殺人亡命，吏不敢問，公發之，竟置重典。有中貴乘傳搜括民間奇玩，勢張甚，郡縣望風迎拜。且以鹽抑配於民，以庫銀給之，至南昌，公曰：『民，吾民也，庫，朝廷之庫也，誰敢干之，吾將以聞於上』。中貴見公不可奪，乃稍自戢」〔註61〕。長洲縣進士胡琮，任江陵知縣，「遂奮欲自見。江陵據江漢上，流民多且豪俠，且與藩校衛卒錯居，公剔摘奸蠹，一裁之法，螯然就理」，升任常德府同知，「有中監還，自雲南舟重貨，道索資送，且要略，甚擾。公獨率吏民往見，為欲檢其裝者，其人懼而去」〔註62〕。常熟縣進士沈海，任刑部主事，「時有疑獄，久不決，公一訊得其情，老於法者自以為不及也。理京邑訟事，公處之裕如也」〔註63〕。蘇州府嘉定縣進士徐昺，任南京刑部郎中，「最慎獄事，不肯以深文入人罪，冤抑者時有平反」〔註64〕。嘉定縣進士李良，任南京刑部郎中，「治獄清慎，精明強幹，明廓簡易，民以不冤。大司寇重可之，凡諸曹疑牒，輒移決焉。任瑞州知府，州民故輕訟，好飾奸。公既長

〔註57〕康熙《金壇縣志》卷九《人物志·王豪》，康熙刊本。
〔註58〕乾隆《鎮江府志》卷三六《名臣下·吳淮》，乾隆刊本。
〔註59〕〔明〕楊守陳：《楊文懿公文集》卷二六《明亞中大夫福建右參政陸公墓誌銘》，《四庫未收書輯刊》第5輯第17冊，第602～603頁。
〔註60〕〔明〕徐溥：《謙齋文錄》卷四《故資德大夫南京工部尚書程公神道碑銘》，《景印文淵閣四庫全書》第1248冊，第665～666頁。
〔註61〕〔明〕王鏊：《震澤集》卷二八《雲南按察使進階中奉大夫張公墓誌銘》，《景印文淵閣四庫全書》第1256冊，第429頁。
〔註62〕〔明〕邵寶：《容春堂後集》卷七《山西布政司右參議致仕進階中順大夫胡公墓表》，《景印文淵閣四庫全書》第1258冊，第313～314頁。
〔註63〕〔明〕焦竑：《國朝獻徵錄》卷九八《重慶守沈公海墓表》，《續修四庫全書》史部第528冊，第575頁。
〔註64〕〔明〕吳寬：《家藏集》卷七七《明故朝列大夫湖廣承宣布政使司左參議徐君墓碑銘》，《景印文淵閣四庫全書》第1255冊，第763頁。

法令刑理，又善窮人情，決獄不宿，於是郡治清而豪狡屏跡矣」〔註65〕。吳縣進士賀元忠，任監察御史，「按廣西，鳳裁凜然，剔奸振滯，黜污崇良，名聲大振」〔註66〕。蘇州府長洲縣進士文林，任永嘉知縣，「有王堅者，事李中監，為暴於境上，率不能制，公設策，捕而斃之獄」，補南京太僕寺寺丞，「太僕政久馳弗振，部內史皆驕不奉法，公為奏，按其罪者數人，遂著為令，得提問官吏。其後又以留都教場將官不當換官馬，又不送烙，凡劾大小把總等四十餘人，皆抵罪，而詞有所連不少，宿弊為之清」〔註67〕。吳江縣進士吳洪，任南京刑部郎中，「諸所聽斷，都人無不屈服，而疑獄，大司寇必屬之公」〔註68〕。崑山縣進士吳瑞，任南京吏部考功司主事，「適郎中員闕，署司事，凡考百司賢否，惟公，雖權要不避，故舊不私」〔註69〕。崑山縣進士吳愈，任刑部郎中，「公省決敏利，庭無留獄，析律詳明，所當必允，苟得其情，雖貴勢不避。時留守中官驕不奉法，會有事當按，公持之急，中官使人宣言款公，且懼以禍，公酬對間，整語直而遜，卒竟其獄。內庫遺火，事連中司，坐死者數人，公具獄，以比請。尚書言：『情罪既得，奚以比為？』公曰：『汝如是，不可踰也』。尚書執不從，獄上，何文淵公當讞，閱其牘，稱善，曰：『此吳郎中筆也。但所坐非正律，宜以比言』，卒改用比律奏之。尚書乃悔不用公言，由是益任公。公既精敏，善發摘，而濟以嚴重。有犯即繩以法，吏畏民懷，訟用衰鮮。尤慎刑獄，每行縣錄囚，必有平反。慶符盜正劃劫縣，縣誣執二十七人，皆抵死。公審鞫左驗，惟二人真盜，乃悉縱遣二十五人，其後果獲餘盜」〔註70〕。常州府武進縣進士段民，任刑部郎中，「公治獄平恕，務得其情，不苟為輕重。時上矜念獄囚，慮有所誣枉，凡鞫獄者令躬自奏陳，稍有未至，必獲重譴，而公

〔註65〕〔明〕賀復徵：《文章辨體匯選》卷六七七《故瑞州府知府李公碑文》，《景印文淵閣四庫全書》第1409冊，第135～136頁。

〔註66〕〔明〕王鏊：《震澤集》卷三十《亞中大夫雲南按察司副使賀公墓誌銘》，《景印文淵閣四庫全書》第1256冊，第451頁。

〔註67〕〔明〕楊循吉：《松籌堂集》卷六《明故中順大夫溫州府知府文公墓誌銘》，《四庫全書存目叢書》集部第43冊，第255頁。

〔註68〕〔明〕費宏：《費文憲公摘稿》卷一九《明故資德大夫正治上卿南京刑部尚書致仕贈太子少保吳公神道碑銘》，《續修四庫全書》集部第1331冊，第643～644頁。

〔註69〕〔明〕焦竑：《國朝獻徵錄》卷五一《吳郎中瑞墓誌銘》，《續修四庫全書》史部第527冊，第661頁。

〔註70〕〔明〕文徵明：《甫田集》卷三十《明故嘉議大夫河南布政司右參政吳公墓誌銘》，《景印文淵閣四庫全書》第1273冊，第239頁。

所治無異詞。凡囚隸刑部，皆以遇叚郎中為幸，其他獄難決者，多諮決於公，自尚書以下皆器重之。凡諸司所讞議，當上聞，悉命公審閱，其牘多所駁正。公若未閱，不所上也，當時刑部決獄號為平。在刑部五年，其決獄多矣，無一人稱冤者」〔註71〕。宜興縣進士張述古，任職刑部時，「詳明公恕，不妄決一囚，有古人求生道之意。至僉桌司事，能辨疑獄，人不稱冤」〔註72〕。武進縣進士白昂，任刑部尚書，「數諭屬吏，以人命至重，尤當謹重獄，故冤抑者既多平反，其可矜疑者亦多從末減。每以律為萬世之法，條例為一時之宜，今吏得為奸，皆條例繁冗之故。因詳定為若干條奏上，頒行內外而奸弊始少」〔註73〕。武進縣進士吳淵，任刑部主事，「刑獄經君訊決者，人無反異」，後升任福州知府，「初至，獄繫囚餘五百人，君日坐堂上閱成案，既得其情，然後出繫，囚錄無冤滯者。即配決有誣者，立破械縱遣之，不淹旬，狴犴為空」〔註74〕。無錫縣進士秦夔，任江西布政使，「廣昌有何姓者，與令有隙，他民將訟令，令疑之，乃陰令人首何罪惡，密捕得之，論以極典。何族訟於公，公疑焉，詢之，人曰：『冤也』，乃逮首者，詰之曰：『爾胡得厚誣平人？吾固知非爾心也』。第以情言之，且得其罪，其人流涕吐實，何遂免死。吉水彭、伍二大姓相奏詰，逮者百餘人，歲久不決。憲、桌以屬。公擇曠地，人相距數丈，則立一木繫之，使不得相耳語，乃次第鞠之，語或矛盾，輒加拷掠，不旬月，盡得其情，獄成，民伏辜，聞著快焉。其知瑞州獄亦如此，其公政績之著也」〔註75〕。徽州府歙縣進士唐濂，授廣東道監察御史，「巡視西城，不縱不激，惟法無勢。有內侍家人市馳馬傷人，君執而法之，內侍不敢怨。權奸為橫，家人馳馬，與醉人爭道，執送君，欲誣以劫馬法。君笑曰：『醉人耳』，杖而遣之」〔註76〕。婺源縣進士葉天球，任戶部主事，「即差監太倉，時內宦憑勢橫虐，

〔註71〕〔明〕王直：《抑菴文後集》卷二四《刑部右侍郎叚公神道碑》，《景印文淵閣四庫全書》第 1242 冊，第 8 頁。

〔註72〕〔明〕徐溥：《謙齋文錄》卷三《湖廣按察司僉事張公墓誌銘》，《景印文淵閣四庫全書》第 1248 冊，第 611 頁。

〔註73〕〔明〕吳寬：《家藏集》卷五九《白康敏公家傳》，《景印文淵閣四庫全書》第 1255 冊，第 559～560 頁。

〔註74〕〔明〕王鏊：《思軒文集》卷一九《福州知府致仕吳君墓誌銘》，《續修四庫全書》集部第 1329 冊，第 626 頁。

〔註75〕〔明〕倪岳：《青溪漫稿》卷二三《中奉大夫江西等處承宣布政使司右布政使致仕秦公墓誌銘》，《景印文淵閣四庫全書》第 1251 冊，第 321～322 頁。

〔註76〕〔明〕邵寶：《容春堂續集》卷一五《監察御史唐君墓誌銘》，《景印文淵閣四庫全書》第 1258 冊，第 659 頁。

縱卒侵漁，或毆捶運官，公縛卒置法，以理折服」〔註77〕。滁州衛進士於鏊，任監察御史，「巡按宣府、大同，宗屬、監軍廝養誘協大戶包納，而率乾沒，公私受蠹。公廉知之詭，曰：『是多詐譎焉』，有帝胄中貴不自愛重者，掩捕數十人，治其罪，勒限令償，上下肅然，莫敢犯」〔註78〕。

（四）不計禍福 抨擊時弊

明代南直隸進士也不乏不計禍福、抨擊時弊者。如鎮江府丹徒縣進士丁璣，任中書舍人，成化末以星變應詔疏，極論治道本末及時政得失，「反覆數千言，而根極於正心，諸教東宮、振綱紀、正風俗、慎用人、重名器、蘇民困、理財節兵」等建議，末言「方士釋老近之則害治，宜斥遠。疏入，為群奸所側目」，被貶謫普安州判官〔註79〕。丹陽縣進士湯禮敬，任刑科給事中，正德初，上疏：「陛下踐阼以來，上天屢示災譴。不謹天戒，惟走馬射獵，遊樂無度。頃四月中旬，雷電雨雹，當六陽用事時，陰氣乃與之抗，此幸臣竊權，忠鯁疏遠之應也」，又上疏彈劾兩廣鎮守中官韋經，並聯合九卿伏闕請誅殺劉瑾。劉瑾銜恨，貶其為薊州判官〔註80〕。徽州府婺源縣進士余懋學，萬曆初任南京戶科給事中，萬曆二年五月，翰林院有白燕，內閣有碧蓮花早開，時值張居正當國，居正獻《白燕白蓮頌》，將其視作祥瑞獻給萬曆帝。余懋學上疏彈劾張居正：「帝方憂旱，下詔罪己，與百官圖修禳。而居正顧獻瑞，非大臣誼」〔註81〕。廬州衛進士周璽，任禮科都給事中，「慷慨好言事」，武宗即位後，整日嬉戲，不理朝政，璽上疏諫言：「邇者聰明日蔽，膏澤未施。講學一暴而十寒，詔令朝更而夕改。冗員方革復留，鎮監撤還更遣。解戶困於交收，鹽政壞於陳乞。厚戚畹而駕帖頻頒，私近習而帑藏不核。不可不亟為釐正」，正德元年，再次上疏切諫：「陛下即位以來，鷹犬之好，麋費日甚。如是不已，則酒色遊觀，便佞邪僻，凡可以悅耳目蕩心志者，將無所不至。光祿上供，視舊十增七八，新政已爾，何以克終？」，升任順天府丞後，「論

〔註77〕〔明〕呂柟：《涇野先生文集》卷三二《明亞中大夫四川布政司左參政硯莊先生葉公墓誌銘》，《四庫全書存目叢書》集部61冊，第456頁。

〔註78〕〔明〕韓邦奇：《苑洛集》卷五《嘉議大夫貴州按察使雲心於公墓誌銘》，《景印文淵閣四庫全書》第1269冊，第408～409頁。

〔註79〕〔明〕過庭訓：《本朝分省人物考》卷二九《南直隸鎮江府・丁璣》，《續修四庫全書》史部第533冊，第604頁。

〔註80〕〔清〕張廷玉：《明史》卷一八八《湯禮敬傳》，第4985頁。

〔註81〕〔清〕張廷玉：《明史》卷二三五《余懋學傳》，第6119～6121頁。

諫深切，率與中官牴牾，劉瑾等積不能堪」，最終劉瑾矯詔逮捕周璽，下獄死〔註 82〕。常州府無錫縣進士倪敬，任監察御史，景泰六年七月，「旱疫災異迭見，然方興土木，樂游畋靡，崇事佛徒，朝政多缺失」〔註 83〕，敬偕同官上奏曰：「府庫之財，不宜無故而予；遊觀之事，不宜非時而行。曩以齋僧，屢出帑金易米，不知櫛風沐雨之邊卒，趨事急公之貧民，又何以濟之？近聞造龍舟，作燕室，營繕日增，嬉遊不少，非所以養聖躬也。章綸、鍾同直言見忤，幽錮逾年，非所以昭聖德也。願罷桑門之供，輟宴佚之娛，止興作之役，寬直臣之囚」，帝得疏不懌，謫廣西宜山典史。鎮江府金壇縣進士王燁，任南京吏科給事中，嘉靖二十年，因倭寇劫掠，上疏彈劾兵部尚書張瓚、侍郎費寀「不堪重寄」，隨後，又上疏彈劾張瓚，並涉及禮部尚書嚴嵩、總督侍郎胡守中與勳戚巨奸郭勳相勾結，營私舞弊。嚴嵩入閣後，再次上疏彈劾嚴嵩父子，「貪婪無恥，奸詐無比，毒甚虺蛇」，遭到嚴嵩銜恨，調任山東按察司兵備副使，任滿赴京述職，因病愆期，被嚴嵩借機奪職。常州府武進縣進士白昂，任南京禮科給事中，上疏彈劾南京戶部尚書張鳳不法，「鳳為大臣，不加之罪，何以示威？有旨，械至京，已而釋之，鳳雖幸免，而一時多公直」〔註 84〕；憲宗皇帝即位之處，因北虜犯邊，經筵輟講，昂上疏：「帝堯不以洪水之災而不明峻德，太王不以昆陵之侵而自殞厥問。今日正皇上講學以為修德之助之時，不宜厭安以墮聖德」，他日又出現黃霧的異常氣象，又上言六事，皆當世要務，尤切者曰：「謹命令，以全大信。謂陛下即位，嘗詔罷貢獻矣，而貢獻者不絕，嘗罷織造矣，而織造者自如，嘗禁權豪不得中鹽矣，勢要不得求地矣，京城內外不得創造寺觀矣，而今皆不為衰止。原守大信，勿以親倖而易其度可也」〔註 85〕；監察御史謝文祥以言事得罪，不可測，白昂率同官救之，「謂文祥所言雖狂妄，然為御史，非出位而言，且其心無他，宜含容之，以開言路。疏入，文祥得降用」〔註 86〕。

〔註 82〕〔清〕張廷玉：《明史》卷一八八《周璽傳》，第 4984 頁。

〔註 83〕〔明〕王僎：《思軒文集》卷一五《右軍都督府都事倪君墓碣銘》，《續修四庫全書》集部第 1329 冊，第 572 頁。

〔註 84〕〔明〕吳寬：《家藏集》卷五九《白康敏公家傳》，《景印文淵閣四庫全書》第 1255 冊，第 559 頁。

〔註 85〕〔明〕吳寬：《家藏集》卷五九《白康敏公家傳》，《景印文淵閣四庫全書》第 1255 冊，第 559 頁。

〔註 86〕〔明〕吳寬：《家藏集》卷五九《白康敏公家傳》，《景印文淵閣四庫全書》第 1255 冊，第 560 頁。

最能體現南直隸進士不計禍福、抨擊時弊的事件，當屬泰昌、天啟政局動盪之際，鄭貴妃及其黨羽禍亂宮廷，魏忠賢及其黨羽擅使威福，專擅朝政，以左光斗、李應昇、周宗建為代表的忠烈之士為國家社稷計，不計榮辱，挺身而出，與邪惡勢力進行不屈不撓的鬥爭。他們大義凜然，浩然正氣，凸顯出國家社稷危難之際力圖挽救時局的政治決心和勇氣，書寫了歷史上不朽的篇章。

左光斗，字道直，直隸安慶府桐城縣人，萬曆三十五年進士，泰昌、天啟之際，任監察御史。明光宗朱常洛駕崩後，皇長子朱由校即位，即將從慈慶宮搬往乾清宮。先前陪伴朱常洛的李選侍卻賴在乾清宮不走，其意圖是迫使朱由校尊奉她為皇太后，從而與鄭貴妃「同處分政事」〔註87〕。對於李選侍與鄭貴妃的圖謀，左光斗上疏：「內廷之有乾清宮，猶外廷之有皇極殿也，惟皇上御天居之，惟皇后配天得共居之。其餘妃嬪雖以次進御，遇有大故即當移置別殿，非但避嫌，亦以明尊卑、別貴賤也。歷代相傳，未之或改。今大行皇帝賓天，選侍李氏既非嫡母，又非生母，儼然居正宮，而殿下乃居慈慶，不得守几筵、行大禮，典制乖舛，名分倒置，臣竊惑之。且問李氏侍皇無脫簪雞鳴之德，侍殿下無拊摩養育之恩，此其人，豈可以託聖躬者？且殿下春秋十六齡，長矣，內輔以忠直老成，外輔以公孤卿貳，何慮乏人，尚須乳哺而繦負之哉！又況睿智方開，正宜不見可欲，而何必託於婦人女子之手乎？故在先皇時，屢請名封而不許……倘及今不早決斷，將借撫養之名，行專制之實。武后之禍將見於今，臣誠有不忍言者矣」〔註88〕。時選侍欲專大權，廷臣箋奏，令先進乾清，然後進慈慶。「得光斗箋，大怒，將加嚴譴。數遣使宣召光斗，光斗曰：『我天子法官也，非天子召不赴。若輩何為者？』」〔註89〕隨後另一大臣楊漣大力支持左光斗，越來越多的官員要求李選侍移宮。在外廷大臣強大的壓力下，李選侍不得不倉促移宮。「移宮」是左光斗奠安社稷的功勞，此舉對於阻止鄭貴妃和李選侍陰謀「同處分政事」，具有決定性意義。

天啟四年，左光斗與楊漣針對魏忠賢及其黨羽禍亂朝政，憂心如焚，二人商量決定，由楊漣首先發難，劾奏魏忠賢二十四大罪狀，左光斗繼之。據萬斯同《明史》載：「楊漣之劾魏忠賢，光斗與其謀，又與攀龍共發崔呈秀（閹黨）贓私。忠賢暨其黨咸怒，及忠賢逐南星、攀龍、大中，次將及光斗、漣。光斗

〔註87〕〔明〕文秉：《先撥志始》卷上，《續修四庫全書》史部第437冊，第604頁。

〔註88〕〔明〕沈國元：《兩朝從信錄》卷二，《續修四庫全書》史部第356冊，第41頁。

〔註89〕〔清〕張廷玉：《明史》卷二四四《左光斗傳》，第6330頁。

憤甚，草奏劾忠賢及魏廣微三十三斬罪，擬十一月二日上之，先遣家累南還。忠賢詗知，先二日假會推事，與漣俱削籍」〔註90〕。魏忠賢及其黨羽必欲置左光斗於死地而後快，遂誣告左光斗接受楊鎬、熊廷弼賄賂，從而貽禍遼東封疆，矯旨逮捕左光斗下錦衣衛鎮撫司詔獄。左光斗拒不認罪，被獄卒迫害死於獄中，卒年五十一歲。臨死之前，留下遺言：「辱極苦極，污極痛極，何緣得生，何苦求生，死矣死矣。願以此報皇上，報二祖列宗」〔註91〕。桐城父老讚譽左光斗為「一代偉人，三朝正氣」，並在桐城建立「左忠毅公祠」，世世代代祭祀不絕〔註92〕。

　　李應昇，字仲達，直隸常州府江陰縣人，萬曆四十四年進士。天啟初年任監察御史，因不滿魏忠賢專擅朝政，接連上疏彈劾魏閹。天啟四年正月十四日，上疏彈劾魏忠賢「竊弄威福」，疏曰：「數年以來，二豎之患不可為不深矣。皇上試問罪璫，遺而嫚書入者何人？馬上催而三路敗者何人？中樞執拗而經撫敗者何人？貪殘激變而貽患蜀黔者何人？賄脫盜庫表裏為奸，而一網善類者何人？」〔註93〕。時值魏忠賢專權，天啟帝對其奏疏不予理睬。天啟四年六月初一日，楊漣疏劾魏忠賢二十四大罪狀，李應昇積極響應，於六月初四日上疏：「昨臣堂官左副都御史楊漣參東廠太監魏忠賢二十四大罪，此非漣一人之私言，通國之公言也。通國之人畏忠賢甚於畏皇上，故切齒不平，搖手相戒。漣獨冒死危論，感悟聖心，謂宜大奮乾剛，立加斥逐，以正其竊弄威福之辜。忠賢亦應束身待罪，以謝天下忠臣義士之口……忠賢不能自辨，而皇上反代為之辨，則中旨真可聽其偽傳乎……故忠賢不去則皇上不安，而今日被論之忠賢不去，則皇上愈不安。臣為皇上計，莫若聽忠賢之引退以全其命，而解其燭影之謎。即為忠賢計，亦莫若早自引決，以釋中外之疑」〔註94〕。疏上，魏忠賢嫉恨無比，天啟五年三月，遭到魏忠賢黨羽誣告，被罷官。天啟六年二月，魏忠

〔註90〕〔清〕萬斯同：《明史》卷三五一《左光斗傳》，《續修四庫全書》史部第330冊，第236頁。

〔註91〕〔明〕左光斗：《左忠毅公集》卷五《明都察院左僉都御史贈太子少保都察院右副都御史諡忠毅左公傳》，《續修四庫全書》集部第1370冊，第645頁。

〔註92〕道光《續修桐城縣志》卷四《營建志・祠墓》，道光刊本。

〔註93〕〔明〕李應昇：《落落齋遺集》卷一《奏疏上・撫時直發狂愚觸事略商補救以備聖明採擇疏》，《四庫禁燬書叢刊》集部第50冊，第37頁。

〔註94〕〔明〕李應昇：《落落齋遺集》卷二《奏疏下・罪當巧於護身明主不宜分過謹直發其欺君之罪以祈聖斷疏》，《四庫禁燬書叢刊》集部第50冊，第52～54頁。

賢矯詔逮捕李應昇，下錦衣衛詔獄，受到嚴刑拷打，以致遍體鱗傷，最終死於獄中，年僅三十四歲。死前留下絕命詩：「十年未敢負朝廷，一片丹心許獨醒。只有親恩無可報，生生願誦法華經」〔註95〕。

周宗建，字季侯，直隸蘇州府吳江縣人，萬曆四十一年進士，擢任監察御史。天啟二年四月，上疏抨擊時政，疏曰：「近日政事，外廷嘖嘖，咸謂奧窔之中莫可測識，諭旨之下有物憑焉。如魏進忠（魏忠賢）者目不識丁，而陛下假之嚬笑，日與相親，一切用人行政墮於其說，東西易向而不自知，邪正顛倒而不自覺。況內廷之藉端與外廷之投合，互相扶同，離間之漸將起於蠅營，讒拘之釁必生長於長舌，其為隱禍，可為言哉！」〔註96〕。疏入，天啟帝不予理睬，而魏忠賢則對周宗建恨之入骨。天啟三年二月二十八日，周宗建再次上疏抨擊魏忠賢：「內臣魏進忠（魏忠賢）者，固今輦轂之下所為望而震焉者也。處進忠之威勢，可以咳唾而成風雲；計忠賢之財力，可以呼吸而成鬼神；極忠賢之線索，可以使愛者昇天、怒者墜淵。而臣義激於中，曾於去歲指名而彈劾之，臣於時已不知死所矣……魏進忠猰猰恨臣，摘臣疏中『千人所指，一丁不識』兩語，曉曉訴辯，至怒激之聲直達宸聽……然而進忠之心固無一日忘臣也……嗾以傾臣並傾諸異己者……於省，則以劉弘化為首，次及周朝瑞、熊德陽，及現在諸科臣等，而欲一網盡之。於臺，則以方震孺為首，次及江秉謙及現在諸臺臣等，而欲一網盡之，而臣則其網中之一人也。既欲羅諸臣以快報復之私，而更欲獨中臣以快進忠之私……臣若尚顧微軀，不為點破，將內有進忠之指揮，旁有客氏為之操縱，中有劉朝等為之典兵賣威，而下復有郭鞏等從而蟻附蠅集，內外交通，驅除善類，而天下事尚忍言哉！臣今誓捐此生為皇上明言之，伏乞皇上即將魏進忠立賜鋤斥」〔註97〕。疏入，更加激怒魏忠賢，被魏閹、客氏視為眼中釘、肉中刺，必欲置之死地而後快。天啟六年二月，魏忠賢以「贓私」為藉口，矯詔逮捕周宗建，下錦衣衛詔獄，在獄中遭到嚴刑拷打，慘死獄中。

〔註95〕〔明〕金日升：《頌天臚筆》卷八《贈蔭‧詔獄詩》，《續修四庫全書》史部第439冊，第361頁。

〔註96〕〔明〕楊坤、繆敬持：《東林同難列傳‧周宗建傳》，《四庫未收書輯刊》第1輯第18冊，第703～704頁。

〔註97〕金日升：《頌天臚筆》卷七《福建道監察御史周宗建謹題為巨璫巧借凶鋒芟除善類謹直請鋤斥以清宮禁以絕禍本疏》，《續修四庫全書》史部第439冊，第331～333頁。

（五）平定戰亂　奠安邊疆

運籌帷幄、決勝疆場，以卓越的軍事指揮才能平定戰亂，穩定社會秩序，是明代南直隸進士群體的另一大歷史貢獻。如太平府繁昌縣進士吳琛，以都察院右僉都御史巡撫西垂，「莊浪去城四百里，有地深入狄境，前檢田者占數屯糧五千七百斛，迫於徵輸，軍多竄匿，公首疏羅之。西蕃扒沙巴哇等七族累歲盜邊，撫之不服，協同平羌將軍宣城伯衛公穎征剿之，斬獲千三百級，馬、駝、牛、羊，甲仗輜重無筭」〔註98〕。蘇州府吳縣進士陳鎰，任都察院右都御史，同靖遠伯王驥整飭延、寧、甘肅沿邊軍務，正統十四年，「大駕率六師巡邊，留公居守，已而，虜寇犯境，遠近駭匿，群小不逞，乘時攘竊為寇盜，弗靖，升公左都御史，撫安近畿軍民，及安插口外之來避寇者」，公巡撫陝西時，「撫安禁戢，威惠並著，督輸運，精選練，修城池，興水利，處劃政務，曲盡事情，雖北虜黠奸，邊城數警，公常先事為備，弗為患。公於延綏要害處，奏置靖虜衛，設河橋巡檢司，以寧夏、甘肅邊境，增立墩堡千餘所，至今賴之」〔註99〕。長淮衛進士徐聯，任陝西按察副使，「理肅州兵備，適有邊警，乃置家口於鞏昌，單騎即戎，指授方略，虜不敢近，由是謹斥堠，厚糗糧，精簡閱，軍聲大振。乃禁諸將侵漁及絕入貢，哈密、吐魯番諸夷私覿，內外貼服」〔註100〕。太倉衛進士王積，任廣東布政司左參議，轄內「新寧、新會、恩平盜積為剽劫，十餘年不已，守令懾不敢言兵，盜益熾。公奮然請得身當之，而總督林公富亦才公，悉以兵事委焉。公條議賊有當剿者四，有可破者六，林公報可，與公謀，以十月發諸道師。嶺西師自恩平入，嶺南師自龍眠入，舟師自龐學水入，合擊大破之，斬獲以千計，盜遂平」〔註101〕。

最能體現南直隸進士運籌帷幄、決勝疆場的事件，是在嘉、隆、萬之際，邊防不靖，北方韃虜南下擄掠京畿附近，南方倭寇劫掠東南沿海，嶺南僮、瑤族造反，攻城略地，擾亂當地社會秩序，以王以旂、胡宗憲、唐順之、殷正茂、凌雲翼為代表的軍事統帥，受命於危難之際，以卓越的軍事指揮才能

〔註98〕〔明〕王偉：《思軒文集》卷一三《嘉議大夫都察院右副都御史吳公墓誌銘》，《續修四庫全書》集部第 1329 冊，第 555 頁。

〔註99〕〔明〕焦竑：《國朝獻徵錄》卷五四《榮祿大夫太子太保都察院左都御史贈少保諡僖敏陳公墓誌銘》，《續修四庫全書》史部第 528 冊，第 18 頁。

〔註100〕〔明〕顧璘：《息園存稿文》卷五《陝西按察副使徐公墓誌銘》，《景印文淵閣四庫全書》第 1263 冊，第 511～512 頁。

〔註101〕〔明〕王世貞：《弇州四部稿》卷一百《明故嘉議大夫南京兵部右侍郎盧齋王公行狀》，《景印文淵閣四庫全書》第 1280 冊，第 597～598 頁。

平定暴亂，奠安邊疆，為明帝國社會經濟繁榮發展營造了有利的外部環境。他們軍事政績顯赫，為明帝國邊疆的安定作出了不朽的貢獻，從而彪炳史冊，萬古流芳。

王以旂，字士招，應天府江寧縣人，正德六年進士。嘉靖二十七年，總督陝西三邊軍務，「單車遄往，誓以死酬國。乃揭榜宣諭德意，停徵造之需，緩不急之役，蠲無名之費。委將帥，集客兵，廣峙畜，固要害，謹偵探，明賞罰，撫痍瘝，躬持儉，約與士卒同甘苦，邊士莫不感泣，願效死力，威聞境外。是秋，虜犯甘肅，又犯延綏，前後斬首三百餘級。蘭州邊牆坍塌，公修築之，延袤數百里。凡埤、堡、壕、窖，曲盡其法，自蘭以西，民恃以無恐。既而虜窺固原，又窺甘州，竟堅壁不能犯。己酉，虜犯延綏、寧夏、甘肅，及蕃夷跳樑不靖，公皆督兵力拒之，前後斬首二百餘級，俘獲數十人」〔註102〕，嘉靖九年以後，哈密失守，「屬蕃錯居甘肅內地，公曰：『是養寇遺患也，何亟圖之！』乃先結以恩信，申華夷之辯以論之，遂為之繕治堡，落室宇及牛種之具，俾徙其居於嘉峪關之外。蕃夷感悅，遂移其氈幕數十餘里，內境清謐」〔註103〕，這年秋天，「虜入榆林，將大舉內犯。公諜知其狀，乃先調諸路兵，分布於榆林之西，復選精銳數百人伏於向水堡之東，以伐虜謀。初，虜卜西犯，不利，解其陣去，顧謂：『東之無備也』，果以輕騎三千赴向水堡。伏卒盡發，虜驚亂，斬首六百級，獲其牛、馬、駝、羊，戎器以萬計，遂咸北遁而去」〔註104〕。嘉靖二十九年秋，「蕃夷大肆猖獗，公倉促調兵剿平之，斬首七十餘級，黠虜隨寇甘肅，又悉其眾寧夏、延綏，公皆出奇設伏，前後斬首六十餘級。又招撫四鎮，降其素黠項者千餘人……時古北失守，京師戒嚴，公以身督重鎮，恨不能荷戈入援，乃檄延綏遊兵一萬二千來援，虜退，上嘉其功」〔註105〕。嘉靖

〔註102〕〔明〕張天復：《鳴玉堂稿》卷六《總督陝西三邊軍務太子太保光祿大夫兵部尚書兼都察院右僉都御史石岡王公行狀》，《續修四庫全書》集部第1348冊，第541頁。

〔註103〕〔明〕張天復：《鳴玉堂稿》卷六《總督陝西三邊軍務太子太保光祿大夫兵部尚書兼都察院右僉都御史石岡王公行狀》，《續修四庫全書》集部第1348冊，第541頁。

〔註104〕〔明〕張天復：《鳴玉堂稿》卷六《總督陝西三邊軍務太子太保光祿大夫兵部尚書兼都察院右僉都御史石岡王公行狀》，《續修四庫全書》集部第1348冊，第541頁。

〔註105〕〔明〕張天復：《鳴玉堂稿》卷六《總督陝西三邊軍務太子太保光祿大夫兵部尚書兼都察院右僉都御史石岡王公行狀》，《續修四庫全書》集部第1348冊，第541頁。

三十年春，「虜恃精銳，既入衛，屢肆搶攘侵掠諸鎮，公乘其驕，調兵搗伐巢穴，斬首九十餘級，而再犯甘肅，斬馘為多及俘獲蕃寇，自是胡人望公旗幟，則相顧駭諤，曰：『王太師兵又來也』，無敢縱意南牧者」〔註 106〕。明人評價王以旂總督陝西三邊軍務的政績：「自公西鎮數載，矢無遺鏃，而天驕斂手，西鄙晏然，屹為千城，死而後已」〔註 107〕。

　　胡宗憲，字汝貞，直隸徽州府歙縣人，嘉靖十七年進士。嘉靖三十五年，任兵部右侍郎，總督閩、浙、直抗倭軍務。當時「倭寇」最猖獗者當屬汪直、徐海、陳東三人。胡宗憲採納其幕府人士徐渭的招撫離間計策，招撫汪直。汪直的母親、妻子之前被有司關進金華府大牢，胡宗憲將其釋放，並接到杭州，「資給甚厚」。消息傳來，汪直大喜曰：「俞大猷絕我歸路，故至此。若貸罪許市，吾亦欲歸耳」，並說，如果朝廷准許通貢互市，願殺賊自效。隨後，胡宗憲又招撫離間徐海，陳東，讓其二人心生間隙，互相殘殺，胡宗憲乘機將其二人部屬全部殲滅。嘉靖三十六年，胡宗憲又設計擒獲倭寇頭子汪直，取得了嘉靖時期抗倭戰爭的重大勝利。此外，胡宗憲任總督期間，大力支持戚繼光抗倭，如戚繼光曾上奏嘉靖帝曰：「臣連年歷收微效者，乃總督信任之專、假以便宜而弗遙制其機，以故有司信從、協心共濟、兵民合一之所致也」〔註 108〕。

　　唐順之，字應德，常州府武進縣人，嘉靖八年進士，任右通政參軍事，時東南沿海遭受倭寇蹂躪，「先生謀欲破賊海中，使弗擾居民，躬泛舟海波，自江陰至於劉河渡，自嘉興放洋至於蛟門，風速日行幾及千里，群從驚眩嘔噎，先生晏如也。三月海多東南風，寇乘風利，掩略岸上，號曰春汛。時環岸要害列兵將，坐食於民，然皆遊墮不習戰，弗御諸海寇，得登岸散掠去，乃攘取死掠之民貲以自利，先生病之。登舟自崇明沙督戰，舟師列岸下，出私貨激餉諸將，約曰：『能戰，則吾有裳，不能戰，則吾有刀』。寇至，見岸下舟師，驚駭，先生急督諸將捕斬之，沉舟凡十三，斬首百二十，俘獲無算……攻斬散寇四十

〔註106〕〔明〕張天復：《鳴玉堂稿》卷六《總督陝西三邊軍務太子太保光祿大夫兵部尚書兼都察院右僉都御史石岡王公行狀》，《續修四庫全書》集部第 1348 冊，第 541～542 頁。

〔註107〕〔明〕張天復：《鳴玉堂稿》卷六《總督陝西三邊軍務太子太保光祿大夫兵部尚書兼都察院右僉都御史石岡王公行狀》，《續修四庫全書》集部第 1348 冊，第 542 頁。

〔註108〕〔明〕陳子龍：《明經世文編》卷三四六《議處兵馬錢糧疏》，北京：中華書局，1962 年，第 3726 頁。

六，焚舟十三」〔註109〕。嘉靖三十九年，唐順之病篤，猶「力疾賑凶荒，治戎伍」，該年四月，巡視泰州，病卒於舟中。

殷正茂，字養實，直隸徽州府歙縣人，嘉靖二十六年進士。隆慶初，廣西古田僮族韋銀豹、黃朝猛造反，嶺南百姓慘遭蹂躪。隆慶三年冬，朝廷任殷正茂為都察院右僉都御史，巡撫廣西，「正茂與提督李遷調土、漢兵十四萬，令總兵俞大猷將之。先奪牛河、三厄險，諸軍連克東山鳳凰寨，蹙之潮水」〔註110〕，斬殺韋銀豹、生擒黃朝猛，平定韋、黃之亂。隨後，提督兩廣軍務，「當是時，群盜惠州藍一清、賴元爵，潮州林道乾、林鳳、諸良寶，瓊州李茂，處處屯結。廣中日告警，倭又數為害。正茂議守巡官畫地分守，而徙瀕海謫戍之民於雲南、川、湖，絕倭嚮導。乃令總兵官張元勳、參政江一麟等先後殺倭千餘，以次盡平諸盜」〔註111〕，「嶺表略定」。

凌雲翼，字洋山，直隸蘇州府太倉州人，嘉靖二十六年進士。萬曆元年，粵西羅旁山瑤民起義，聲勢浩大。萬曆四年，凌雲翼總督兩廣軍務，「乃大集兵，令兩廣總兵張元勳、李錫將之。四閱月，克巢五百六十，俘斬、招降四萬二千八百餘人。岑溪六十三山、七山、那留、連城諸處鄰境瑤、僮皆懼。賊首潘積善求撫，雲翼奏設官戍之」，萬曆六年夏，「與巡撫吳文華討平河池、咘咳、北三諸瑤，又捕斬廣東大廟諸山賊，嶺表悉定」〔註112〕。

二、明代南直隸進士群體的文化貢獻

（一）推動任官地區教育文化的發展

明代南直隸進士在任官地區致力於推動當地教育文化的發展。如盧州府舒城縣進士秦民悅，任廣平知府，「加意文學，郡庭列舍生徒，質經試課」〔註113〕。松江府華亭縣進士張弼，任南安知府，「毀淫祠百數十區為社學，凡先哲之嘗蒞茲土者，若張九齡、李綱諸公，皆特為立祠，至周程三先生，則既祠而又別立吟風弄月臺，以深致景仰。蓋於風俗教化風俗之大者，其惓惓又如此」〔註114〕。

〔註109〕〔明〕趙時春：《濬谷先生集》卷十《明督撫鳳陽等處都察院右僉都御史荊川唐先生墓誌銘》，《四庫全書存目叢書》集部第87冊，第651頁。

〔註110〕〔清〕張廷玉：《明史》卷二二二《殷正茂傳》，第5859頁。

〔註111〕〔清〕張廷玉：《明史》卷二二二《殷正茂傳》，第5859頁。

〔註112〕〔清〕張廷玉：《明史》卷二二二《凌雲翼傳》，第5861頁。

〔註113〕雍正《舒城縣志》卷一六《人物·名臣·秦民悅》，雍正刊本。

〔註114〕〔明〕焦竑：《國朝獻徵錄》卷八七《江西南安府知府張公墓誌銘》，《續修四庫全書》史部第529冊，第652～653頁。

徽州府歙縣進士吳遠，任黎平知府，「黎平民猱獞喜弄兵，遠至，招弟子教以禮讓，在郡九年，人吏彬彬向化」〔註115〕。滁州全椒縣進士吳璋，任鶴慶知府，「蒞任導民禮讓，毀淫祠數十區，創復性書院，朔、望召諸生，以手輯經義，諄諄誨論」〔註116〕。南京錦衣衛進士王徽，任普安州判官，「普安，貴州邊徼也。公至，興學諭俗，其俗稍變，始有舉於鄉者」〔註117〕。松江府上海縣進士郁侃，任潮州府知府，「暇日集諸生講授經義，咸稱得師。毀淫祠，秩正祠，士風為之一新」〔註118〕。蘇州府常熟縣進士徐恪，以都察院右副都御史巡撫河南，「尤重名教，令歸德修微子祠，彰德建西門豹祠，洛南祠范文正；又令諸州縣學秩賢哲無文者」〔註119〕。應天府上元縣進士張瑄，任吉安府知府，「郡學諸生有監之者，輒分俸給之，若彭教、羅倫、曾彥輩，皆為倫魁，實公所造就也」〔註120〕。松江府華亭縣進士周鵠，任武夷知縣，「振作文教，修武夷書院，置田以贍生徒，歲賓興，監臨劃革積弊，是科得人為盛」〔註121〕。鎮江府金壇縣進士胡信，任鶴慶知府，「修崇廟學，作養人才，不鄙夷其民，民亦翕然從化，自是多有以文學仕進者」〔註122〕。鎮江府丹徒縣進士吳淮，任黃州知府，「以文學飭吏治，文廟禮器未備者，皆修整之。毀淫祠、鍾鼎及佛像，為之建號舍二十楹於東坡書院，拔兩庠諸生茂異者數十人，謹習其中，躬自校藝，一時人才稱為獨盛」〔註123〕。蘇州府常熟縣進士沈海，任泉州知府，「泉庠舊無經師，聘興化進士黃乾亨、舉子林沂至郡，與諸生講解詩、書

〔註115〕嘉靖《徽州府志》卷一七《宦業列傳》，《中國方志叢書·華中地方·第四五二號》，第 271 頁。

〔註116〕民國《全椒縣志》卷十《人物志·吳璋》，《中國方志叢書·華中地方·第二二五號》，第 616 頁。

〔註117〕〔明〕儲罐：《柴墟文集》卷九《陝西布政使司左參議致仕進階中順大夫辣齋王公墓誌銘》，《四庫全書存目叢書》集部第 42 冊，第 489 頁。

〔註118〕〔明〕陸深：《儼山集》卷七四《進階亞中大夫黎平府知府郁公宜人王氏合葬墓誌銘》，《景印文淵閣四庫全書》第 1268 冊，第 477 頁。

〔註119〕〔明〕李東陽：《懷麓堂集》卷八十《明故正議大夫資治尹南京工部右侍郎徐公神道碑銘》，《景印文淵閣四庫全書》第 1250 冊，第 844 頁。

〔註120〕〔明〕焦竑：《國朝獻徵錄》卷四八《資政大夫南京刑部尚書觀菴張公墓誌銘》，《續修四庫全書》史部第 527 冊，第 503 頁。

〔註121〕〔明〕孫承恩：《文簡集》卷四九《潮州府知府適齋周君墓表》，《景印文淵閣四庫全書》第 1271 冊，第 580 頁。

〔註122〕萬曆《丹徒縣志》卷四《人物志·胡信》，萬曆刊本。

〔註123〕乾隆《鎮江府志》卷三六《名臣下·吳淮》，《中國地方志集成·江蘇府縣志輯》第 28 冊，第 93～94 頁。

二經義，指授以為文法度，泉之文風蔚然勃興，登科者幾倍於前……再守重慶，興學校，以勵士節」〔註124〕。徽州府歙縣進士唐相，任保定府唐縣知縣，「士廢科目久矣，君至，設教條，置勤惰，歷月會而賞懲之，復選俊傑者二十餘，俾習《春秋》，暇則躬加督勵，造就之，未幾，張舉人時、劉進士汝為繼出其後，科名相踵，多先生門下，唐今文風丕變，以善俗，先生與有力焉」〔註125〕。徽州府歙縣進士洪遠，任交河知縣，「尤加意學校，公暇，親為諸生講解文藝，不倦」〔註126〕。徽州府歙縣進士潘珏，任湖廣蘄水知縣，「以廟學湫隘闢而新之，作興士類，每為講授，成材甚眾」〔註127〕。蘇州府長洲縣進士沈林，任順慶府知府，「篤意教化，視郡學隘陋弗稱，且文廟右列非制，遂撤而新之。建御書樓，增置號舍，制樂器，設樂舞生，規制弘偉，物數咸備，又以餘力復南充縣學，於是集諸生教之，躬自程試，俾皆有所向，方士亦翕然奮於學」〔註128〕。

（二）推動南直隸地區文化事業的發展

南直隸進士群體推動家鄉文化事業的發展，主要體現在纂修南直隸方志。《明代南直隸方志研究》一書對明代南直隸方志進行了全面系統的搜集、整理，茲謹以該書為參考，對明代南直隸進士纂修家鄉地區方志的情況進行全面的統計，茲製表如下。

明代南直隸進士參與纂修家鄉方志情況統計表

序號	纂修者	區　域	南直隸方志名	版　本
1	陳沂	南直隸	《南畿志》	《中國方志叢書》1983 年影印本
2	陳沂	南京	《金陵古今圖考》	正德刻本
3	陳沂	南京	《金陵世紀》	隆慶三年刻本
4	陳沂	南京	《金陵圖詠》	《中國方志叢書》1983 年影印本

〔註124〕〔明〕焦竑：《國朝獻徵錄》卷九八《重慶守沈公海墓表》，《續修四庫全書》史部第 528 冊，第 575 頁。

〔註125〕〔明〕汪舜民：《靜軒先生文集》卷一四《明故監察御史知桐廬縣事唐先生墓誌銘》，《續修四庫全書》集部第 1331 冊，第 130 頁。

〔註126〕〔明〕焦竑：《國朝獻徵錄》卷五二《資政大夫南京工部尚書洪公遠墓誌銘》，《續修四庫全書》史部第 527 冊，第 695 頁。

〔註127〕〔明〕焦竑：《國朝獻徵錄》卷九十《福建按察僉事潘公珏墓誌銘》，《續修四庫全書》史部第 530 冊，第 164 頁。

〔註128〕〔明〕文徵明：《甫田集》卷二六《明故嘉議大夫都察院右副都御史沈公行狀》，《景印文淵閣四庫全書》第 1273 冊，第 90 頁。

5	程嗣功、陳舜仁	應天府	萬曆《應天府志》	萬曆刊本
6	程文	句容縣	弘治《句容縣志》	弘治九年刻本
7	狄斯彬	溧陽縣	《溧陽縣野志續編》	已佚
8	范祺	溧水縣	正德《溧水縣志》	正德四年修，已佚
9	黃志達	溧水縣	嘉靖《溧水縣志》	嘉靖四年修，已佚
10	柳瑛	鳳陽府	成化《中都志》	弘治元年刻本
11	顧承芳	臨淮縣	嘉靖《臨淮縣志》	嘉靖十三年修，已佚
12	孫秉陽	懷遠縣	萬曆《懷遠縣志》	嘉靖十三年刻本
13	儲珊	潁州	正德《潁州志》	正德六年刻本
14	劉昌	蘇州府	成化《姑蘇郡邑志稿》	成化十年修，已佚
15	都穆、吳寬	蘇州府	弘治《姑蘇郡邑志稿》	弘治刻本
16	王鏊	蘇州府	正德《姑蘇志》	《景印文淵閣四庫全書》1986 年影印本
17	楊循吉	蘇州府	《蘇州府志纂修識略》	嘉靖刻本
18	王志堅	蘇州府	崇禎《蘇州府志稿》	崇禎間修，已佚
19	蔡昂	蘇州府	《姑蘇志補遺》	嘉靖間修，已佚
20	劉鳳	蘇州府	《吳郡考》	嘉靖間修，已佚
21	楊循吉	吳縣	嘉靖《吳邑志》	嘉靖八年刻本
22	楊循吉	長洲縣	嘉靖《長洲縣志》	嘉靖間修，已佚
23	皇甫汸	長洲縣	隆慶《長洲縣志》	隆慶五年刻本
24	皇甫汸	長洲縣	萬曆《長洲縣志》	萬曆二十六年刻本
25	顧潛	崑山縣	弘治《崑山縣志》	弘治間稿本
26	方鵬	崑山縣	嘉靖《崑山縣志》	嘉靖十七年刻本
27	王同祖	崑山縣	《崑山續志》	嘉靖間修，已佚
28	徐師曾	吳江縣	嘉靖《吳江縣志》	嘉靖四十年刻本
29	都穆	嘉定縣	正德《練川圖記》	正德四年刻本
30	陸容	太倉州	弘治《太倉志稿》	弘治元年刻本
31	都穆	太倉州	嘉靖《太倉州新志》	嘉靖五年修，已佚
32	張寅	太倉州	嘉靖《太倉州志》	嘉靖二十七年刻本
33	張采	太倉州	崇禎《太倉州志》	崇禎十五年刻本
34	顧清	松江府	正德《松江府志》	正德七年刻本
35	唐錦	上海縣	弘治《上海志》	弘治十七年刻本
36	王圻	青浦縣	萬曆《青浦縣志》	萬曆二十五年刻本
37	張愷	常州府	正德《常州府志續集》	正德八年刻本

38	唐鶴徵	常州府	萬曆《重修常州府志》	萬曆四十六年刻本
39	唐鶴徵	武進縣	萬曆《武進縣志》	萬曆三十三年刻本
40	秦梁	無錫縣	萬曆《無錫縣志》	萬曆二十三年刻本
41	顏瑄	江陰縣	天順《江陰志》	天順間修，已佚
42	張袞	江陰縣	嘉靖《江陰縣志》	嘉靖二十七年刻本
43	都穆	靖江縣	正德《靖江縣志》	正德九年成書，已佚
44	王樵	鎮江府	萬曆《重修鎮江府志》	萬曆二十四年刻本
45	湯禮敬	丹陽縣	正德《丹陽縣志》	正德十四年修，已佚
46	荊文焰	丹陽縣	隆慶《丹陽縣志》	隆慶三年刻本
47	趙鶴	揚州府	嘉靖《惟揚郡乘正要》	嘉靖間修，已佚
48	高宗本	揚州府	《惟揚新志》	嘉靖間修，已佚
49	盛儀	揚州府	嘉靖《惟揚志》	嘉靖二十一年刻本
50	陳大科、顧養謙	通州	萬曆《通州志》	萬曆六年刻本
51	崔桐	海門縣	嘉靖《海門縣志》	嘉靖十五年刻本
52	夏應星	鹽城縣	萬曆《鹽城縣志》	萬曆十一年刻本
53	潘鏜	廬州府	正德《廬州府志》	正德七年刻本
54	祝鑾	太平府	正德《太平府志》	正德十一年刻本
55	梅守德	寧國府	萬曆《寧國府志》	萬曆五年刻本
56	王廷幹	涇縣	嘉靖《涇縣志》	嘉靖三十一年刻本
57	丁紹軾	池州府	萬曆《池州府志》	萬曆四十年刻本
58	汪舜民	徽州府	弘治《徽州府志》	弘治十五年刻本
59	吳宗堯	休寧縣	嘉靖《休寧縣志》	嘉靖二十七年刻本
60	謝存仁	祁門縣	萬曆《祁門縣志》	萬曆二十八年刻本
61	胡松	滁州	嘉靖《滁州志》	嘉靖十六年刻本

　　如上表所示，南直隸進士參與纂修的各級方志共 61 部，其中總志 1 部，即《南畿志》；其餘涉及應天、鳳陽、蘇州、松江、常州、鎮江、揚州、廬州、太平、寧國、池州、徽州、滁州共 13 府、州（直隸州）22 部方志；涉及應天府句容、溧陽、溧水，鳳陽府臨淮、懷遠、潁州，蘇州府吳縣、長洲、崑山、吳江、嘉定、太倉州，松江府上海、青浦，常州府武進、無錫、江陰、靖江，鎮江府丹陽，揚州府通州、海門，淮安府鹽城，寧國府涇縣，徽州府休寧、祁門共 25 個州（散州）、縣 35 部方志。在上述 61 部明代南直隸方志中，有 45 部流傳下來，為今人研究區域社會史提供了較高的史料價值。

（三）傳播思想文化　留下豐贍的著作

南直隸進士群體作出的另一個文化貢獻是傳播思想文化，為後人留下豐贍的著作，涉及經、史、子、集四大部書籍。據統計，明代鎮江府進士編纂的經部共 32 部，現存 17 部；史部 46 部，現存 14 部；子部 56 部，現存 39 部；集部 70 部，現存 28 部〔註 129〕。明代揚州府進士編纂的經部共 33 部，現存 10 部；史部 112 部，現存 42 部；子部 75 部，現存 23 部；集部 209 部，現存 75 部〔註 130〕。明代常州府進士編纂的經部共 136 部，現存 42 部；史部 273 部，現存 88 部；子部 158 部，現存 48 部；集部 531 部，現存 196 部〔註 131〕。綜上，明代鎮江府進士著作數共 204 部，揚州府進士著作數共 429 部，常州府進士著作數共 1098 部；以上三府進士所著經部書籍共 201 部，史部 431 部，子部 289 部，集部 810 部。

南直隸進士史學成就最高的當屬王世貞、焦竑二人。王世貞，字元美，直隸蘇州府太倉州人，嘉靖二十六年進士。王世貞實證史學的思想，主要在於對史料要辯證看待，王氏稱：「國史人恣而善蔽真，其敘章典、述文獻，不可廢也；野史人臆而善失真，其徵是非、削諱忌，不可廢也；家史人諛而善溢真，其讚宗閥、表官績，不可廢也。吾於三者豹管耳，有所見不敢不書，以俟博洽者考焉」〔註 132〕。王氏史學成就主要體現在《弇山堂別集》一書，是書共一百卷，載明代典故，「凡《盛事述》五卷；《異典述》十卷；《奇事述》四卷；《史乘考誤》十一卷；《表》三十四卷，分六十七目；《考》三十六卷，分十六目」〔註 133〕。其中，《史乘考誤》是明代第一部對當代史進行考證的書籍，主要集中在訂誤、存疑、補遺、揭諱四個方面，它開闢了明代實證史學的新風氣。

焦竑，字弱侯，南京旗手衛人，萬曆十七年狀元。焦竑的史學成就主要體現在《國朝獻徵錄》一書，是書一百二十卷，收錄了自洪武至嘉靖二百年間明代歷史人物的墓誌銘、行狀等資料，清人紀昀《四庫全書總目提要》載：「是書採明一代名人事蹟，其體例以宗室、戚畹、勳爵、內閣、六卿以下各官，分類標目；其無官者，則以孝子、義人、儒林、藝苑等目分載之。自洪武迄於嘉

〔註 129〕嚴其林：《鎮江進士研究》，上海：復旦大學出版社，2014 年，第 546 頁。

〔註 130〕嚴其林：《鎮江進士研究》，第 550 頁。

〔註 131〕嚴其林：《鎮江進士研究》，第 555 頁。

〔註 132〕〔明〕王世貞：《弇山堂別集》卷二十《史乘考誤一》，第 361～362 頁。

〔註 133〕〔清〕紀昀：《四庫全書總目提要》卷五一《史部七・雜史類》，石家莊：河北人民出版社，2000 年，第 1419 頁。

靖，搜採極博」〔註134〕。據統計，全書共記載明代著名人士 3554 人，其中有仕宦經歷者 3294 人〔註135〕，對研究明代人物和史事有重要的史料價值。顧起元《獻徵錄序》贊曰：「若舉一代王侯將相賢士大夫山林瓢衲之跡，鉅細畢收，毋患湮蔑，實未有若澹園先生之《獻徵錄》者⋯⋯取累朝訓錄、方國紀志與家乘野史，門分類別，採而緝之。自禁中之副，名山之藏，通都大邑之傳，畢登於簡，一代史材，犁然大備⋯⋯至折衷是非，綜校名實，闕疑而傳其信，斥似而採其真，所謂『其義則某竊取之』，先生於此實有獨鑒。異乎徒事網羅，靡所澄汰，愛奇好異，或濫情實者矣」〔註136〕。顧氏對焦竑《國朝獻徵錄》給予高度評價，由此可見焦竑對明代史學乃至中國傳統史學和文化事業所作的巨大貢獻。

〔註134〕〔清〕紀昀：《四庫全書總目提要》卷六二《史部十八・傳記類存目四》，第 1698 頁。

〔註135〕展龍：《〈四庫全書總目〉焦竑著述提要補正兩則》，《大學圖書情報學刊》，2005 年第 2 期。

〔註136〕〔明〕顧起元：《國朝獻徵錄》卷首《獻徵錄序》，《續修四庫全書》史部第 525 冊，第 1～2 頁。

結　語

　　在盡可能全面佔有相關史料並確認其可信性和借鑒學界相關研究成果的基礎上，本文對明代南直隸進士群體的規模及其分甲、地域分布、戶類、本經、中式身份、中式年齡等構成情況，以及其社會流動、歷史貢獻等問題進行了專門、系統研究，由此得出以下主要結論。

　　首先，通過逐一考證，確認「現籍地」屬於南直隸的明代進士共為 3832人，占明代進士總數的 15.59%，在各省直和遼東各自擁有進士數排序中位列第一，分別是進士數位居前列的浙江、江西、北直隸、福建的 1.11、1.39、1.58、1.64 倍；擁有一甲進士數 65 人，分別是一甲進士數位居前列的江西、浙江、福建、北直隸的 1.2、1.23、1.97、4.06 倍；以上都反映出明代南直隸進士群體具有強勁的科舉競爭力。以人均而論，南直隸每萬人平均擁有進士數為 3.66人，排名在擁有進士數位居前列的福建、浙江、北直隸、江西之後，甚至低於四川、廣東、湖廣三省，位列第八；每十萬人平均擁有一甲進士數為 0.63 人，低於福建、浙江、江西三省，位列第四〔註1〕，萬曆後，每十萬人平均擁有一甲進士數為 0.30 人，低於福建而高於浙江、江西，位列第二。

　　其二，明代南直隸進士在不同時期的數量分布呈現「前期低，中、後期高」的不平衡特徵。洪武至永樂，南直隸進士數共 340 人，在全國排名第 4，占同期全國進士數的 11.84%，低於明代南直隸進士在全國進士總數中占比3.75 個百分點；宣德至天順，南直隸進士數共 323 人，在全國排名第 2，占同

〔註 1〕以上數據參考郭培貴、蔡惠茹：《論福建科舉在明代的領先地位及其成因》，《福建師範大學學報》2013 年第 6 期。

期全國進士數的 14.72%，低於明代南直隸進士在全國進士總數中占比 0.87 個百分點；成化至正德，南直隸進士數共 988 人，在全國排名第 1，占同期全國進士數的 16.30%，高於明代南直隸進士在全國進士總數中占比 0.71 個百分點；嘉靖至隆慶，南直隸進士數共 833 人，在全國排名第 1，占同期全國進士數的 14.56%，低於明代南直隸進士在全國進士總數中占比 1.03 個百分點；萬曆至崇禎，南直隸進士數共 1348 人，在全國排名第 1，占同期全國進士數的 17.32%，高於明代南直隸進士在全國進士總數中占比 1.73 個百分點。這主要由明代不同時段錄取進士數的不同和南直隸與其他省直科舉實力變化等因素造成的。其地域分布廣泛，表現在所有的縣都考出進士，同時，又高度集中在東、南部地區所轄縣和附郭縣，本質上是由各地綜合科舉實力存在差距所致。

其三，明代南直隸進士群體戶類分布廣泛，軍、匠籍進士在激烈的科舉競爭中脫穎而出，且所佔比重具有明顯優勢，從側面反映出南直隸軍、匠戶具有較強的科舉競爭力。受經書難易程度和各地經學淵源及其傳承的影響，85% 的南直隸進士習《詩》《易》《書》，14.58% 的南直隸進士習《春秋》《禮記》。明代南直隸進士中式身份來源多樣，由於官辦學校教育固有優勢及其在發展中的內在張力，國子監生和府、州、縣儒學生員成為該群體中式身份的主要來源；但也有少量儒士中式者，反映出南直隸民間教育對明代科舉在一定程度上具有適應性。該群體平均中式年齡為 34.89 歲，高出明代全國進士平均中式年齡 0.6 歲。

其四，明代南直隸進士出身於「上三代直系親屬中無任何功名、官號和捐銜」家庭的數量為 1240 人，占南直隸進士統計樣本數的 43.89%，略高於明代全國進士出身於平民家庭者所佔比重。需指出的是，某些出身於非平民家庭的南直隸進士，在備考科舉期間，家庭為其所提供的經濟條件及其文化和政治優勢，事實上並未優於出身於平民家庭者。如景泰二年進士袁凱，出身於上三代直系親屬有任實職官的家庭——祖德芳，任都轉運鹽使司判官〔註2〕。但袁凱「少貧，獨學時出事賣販，不為人知。年二十七始棄去，勵志讀書」〔註3〕。又如景泰五年進士孔鏞，出身於上三代直系親屬有任實職官的家庭——父友諒，任雙流縣知縣〔註4〕。但孔鏞「為諸生時，家赤貧，至饔飧不給，每詣學，

〔註2〕《景泰二年進士登科錄》，第 11 頁。
〔註3〕〔明〕焦竑：《國朝獻徵錄》卷一〇二《雲南左布政使袁凱傳》，《續修四庫全書》史部第 531 冊，第 4 頁。
〔註4〕《景泰五年進士登科錄》，第 48 頁；乾隆《長洲縣志》卷二三《人物》，《中國地方志集成·江蘇府縣志輯》第 13 冊，第 262 頁。

則買二餅充饑。五聖閣有道嫗，見其旦晚經門，一日，迎入問故，公以實告，嫗心憐之，謂曰：『吾家晝則有齋，夜則有燈，秀才肯僑居此乎？』公從之，遂得肆志於學」〔註5〕。再如隆慶二年進士蔣以忠，出身於上三代直系親屬有任實職官的家庭——曾祖岳，任汝州知州〔註6〕，但至其父贈君中憲公時，「家日落，數窘困」〔註7〕。上述史料有一個共同特點：即上三代直系親屬任實職官者在其登第時或更早前皆已故去，這可能是導致其家庭經濟狀況日益衰落的原因。但也有中式時，其上三代直系親屬任實職官者仍在世，但家庭狀況依然貧困者，如弘治十二年進士黃俊，出身於上三代直系親屬有任實職官的家庭——父孟璵，前太常寺典簿〔註8〕，但黃俊的備考之路卻極其艱辛，「（家）赤貧苦讀，登第後乞歸終養」〔註9〕。此外，某些出身於上三代直系親屬擁有官號和捐銜家庭的南直隸進士，在備考期間其家庭狀況亦不容樂觀，如嘉靖三十五年進士楊銓，其父為七品散官〔註10〕，但楊銓「為諸生食餼，而家故貧，藉館穀以糊其口」〔註11〕。又如隆慶二年進士韓世能，其曾祖為壽官〔註12〕，但世能「以家貧廢學，長老或勸之，公乃自感奮努力」〔註13〕。再如，萬曆十一年進士徐常吉，其曾祖為壽官〔註14〕，但常吉「家貧，藉館穀養母」〔註15〕。通過對上述史料的解讀，可知，南直隸確實存在雖出身於上三代直系親屬有任實職官和非實職官家庭的進士，在其備考科舉期間，就其家庭的實際經濟狀況而言，已與出身於平民家庭的進士無異，甚至還遠遜許多；就其家庭擁有的政治和文化優勢而言，與出身於平民家庭的進士相比，已不復存在。這種現象說明，明代科舉制度引起了更高的社會流動率，同時啟示我們：《登科錄》記載

〔註5〕〔明〕陳繼儒：《見聞錄》卷七，《四庫全書存目叢書》子部第244冊，第228頁。

〔註6〕《隆慶二年進士登科錄》，《明代登科錄彙編》第17冊，第9005頁。

〔註7〕〔明〕趙用賢：《松石齋集》卷一九《福建按察司副使貞菴蔣公墓誌銘》，《四庫禁燬書叢刊》集部第41冊，第289頁。

〔註8〕《弘治十二年進士登科錄》，上海圖書館藏本。

〔註9〕康熙《常州府志》卷二三《人物》，康熙刊本。

〔註10〕《嘉靖三十五年進士登科錄》，第34頁。

〔註11〕〔明〕何三畏：《雲間志略》卷一六《楊參知昆南公傳》，《明代傳記叢刊》第146冊，第523頁。

〔註12〕《隆慶二年進士登科錄》，《明代登科錄彙編》第17冊，第8870頁。

〔註13〕〔明〕申時行：《賜閒堂集》卷二四《通議大夫禮部左侍郎兼翰林院侍讀韓公墓誌銘》，《四庫全書存目叢書》集部第134冊，第496～498頁。

〔註14〕《萬曆十一年進士登科錄》，第63頁。

〔註15〕〔明〕毛憲：《昆陵人品記》卷十，《續修四庫全書》史部第541冊，第199頁。

的上三代家庭出身，實際上並不能精準地反映明代南直隸進士的社會流動狀況，探討明代南直隸乃至全國進士的社會流動，需要依據更具體可信的史料對每一進士的家庭狀況逐一做出專門考察，方能得出更為符合史實的結論。

最後，明代南直隸進士群體入仕者多具有民生關懷意識，無論在國家治理抑或思想文化方面都作出了建設性貢獻。千年積澱的傳統文化，根深蒂固的儒家經世精神，催生出社稷重、固邦本的群體性政治思想，讓他們順應歷史潮流，致力於維護統一多民族國家的鞏固和發展，同時弘揚中國傳統思想文化，在社會轉型和文化變遷的時代拐點，演繹出「上則有補於袞職，下則有造於鄉里」的歷史全過程〔註16〕。

〔註16〕〔清〕歸莊：《歸莊集》卷三《送葉子吉太史北上序》，上海：上海古籍出版社，
　　　 2010 年，第 234 頁。

徵引文獻目錄

一、古籍

1. 〔宋〕洪邁:《容齋隨筆》,上海古籍出版社,1978年。

2. 〔宋〕楊萬里:《誠齋集》,《景印文淵閣四庫全書》第1161冊。

3. 《明代登科錄彙編》,臺北:臺灣學生書局影印本,1969年。

4. 《天一閣藏明代科舉錄選刊・登科錄》,寧波:寧波出版社影印本,2006年。

5. 《天一閣藏明代科舉錄選刊・會試錄》,寧波:寧波出版社影印本,2007年。

6. 《天一閣藏明代科舉錄選刊・鄉試錄》,寧波:寧波出版社影印本,2010年。

7. 《中國科舉錄彙編》,北京:全國圖書館文獻微縮複製中心影印本,2010年。

8. 《永樂九年進士登科錄》,上海圖書館藏本。

9. 《正統元年進士登科錄》,上海圖書館藏本。

10. 《弘治十二年進士登科錄》,上海圖書館藏本。

11. 《萬曆三十二年進士登科錄》,上海圖書館藏本。

12. 《萬曆三十八年進士登科錄》,臺北「中研院史語所」傅斯年圖書館藏本。

13. 《崇禎十六年進士三代履歷》,上海圖書館藏明崇禎刻本。

14. 《明太祖實錄》,臺北:臺灣「中研院史語所」校印本,1962年。

15. 《明太宗實錄》,臺北:臺灣「中研院史語所」校印本,1962年。

16. 《明宣宗實錄》，臺北：臺灣「中研院史語所」校印本，1962 年。

17. 《明英宗實錄》，臺北：臺灣「中研院史語所」校印本，1962 年。

18. 《明憲宗實錄》，臺北：臺灣「中研院史語所」校印本，1962 年。

19. 《明孝宗實錄》，臺北：臺灣「中研院史語所」校印本，1962 年。

20. 《明世宗實錄》，臺北：臺灣「中研院史語所」校印本，1962 年。

21. 《明熹宗實錄》，臺北：臺灣「中研院史語所」校印本，1962 年。

22. 正德《明會典》，《景印文淵閣四庫全書》第 617 冊。

23. 萬曆《明會典》，北京：中華書局，1989 年。

24. 〔明〕俞憲：《皇明進士登科考》，《明代史籍彙刊》第 1 輯，臺北：臺灣學生書局影印本，1969 年；寧波：寧波出版社影印本，2006 年。

25. 〔明〕張朝瑞：《皇明貢舉考》，《續修四庫全書》史部第 828 冊，上海：上海古籍出版社，2002 年。

26. 〔明〕張弘道、張凝道：《皇明三元考》，《四庫全書存目叢書》史部第 271 冊，濟南：齊魯書社，1996 年。

27. 〔清〕盛子鄴：《類姓登科考》，《四庫全書存目叢書》子部第 226 冊，濟南：齊魯書社，1995 年。

28. 〔清〕李周望等：《明清進士題名碑錄》，臺北：臺灣華文書局影印本，1969 年。

29. 〔明〕張朝瑞：《南國賢書》，《金陵全書‧乙編‧史料類》，南京：南京出版社，2013 年。

30. 〔明〕邵捷春：《閩省賢書》，日本內閣文庫藏本。

31. 〔明〕李濂：《國朝河南舉人名錄》，寧波出版社影印天一閣藏本，2010 年。

32. 〔明〕楊士奇：《東里文集》，《景印文淵閣四庫全書》第 1238 冊。

33. 〔明〕解縉：《文毅集》，《景印文淵閣四庫全書》第 1236 冊。

34. 〔明〕楊士奇：《東里續集》，《景印文淵閣四庫全書》第 1239 冊。

35. 〔明〕楊榮：《文敏集》，《景印文淵閣四庫全書》1240 冊。

36. 〔明〕陳循：《芳洲文集》，《四庫全書存目叢書》集部第 31 冊，濟南：齊魯書社，1997 年。

37. 〔明〕張邦奇：《張文定公靡悔軒集》，《續修四庫全書》集部第 1337 冊，上海：上海古籍出版社，2002 年。

38. 〔明〕陸樹聲:《陸文定公集》,《明別集叢刊》第 2 輯第 88 冊,合肥:黃山書社,2013 年。

39. 〔明〕冒日乾:《存笥小草》,《明別集叢刊》第四輯第 79 冊。

40. 〔明〕侯峒曾:《侯忠節公全集》,《明別集叢刊》第五輯第 58 冊。

41. 〔明〕瞿式耜:《瞿忠宣公文集》,《明別集叢刊》第五輯第 57 冊。

42. 〔明〕王家屏:《復宿山房集》,《明別集叢刊》第三輯第 66 冊。

43. 〔明〕歐大任:《歐虞部集》,《四庫禁燬書叢刊》集部第 47 冊,北京:北京出版社,1997 年。

44. 〔明〕徐溥:《謙齋文錄》,《景印文淵閣四庫全書》第 1248 冊,臺北:臺灣商務印書館,1986 年。

45. 〔明〕鄭文康:《平橋稿》,《景印文淵閣四庫全書》第 1246 冊。

46. 〔明〕孫繼皋:《宗伯集》,《景印文淵閣四庫全書》第 1291 冊。

47. 〔明〕程敏政:《篁墩文集》,《景印文淵閣四庫全書》第 1253 冊。

48. 〔明〕程敏政:《新安文獻志》,《景印文淵閣四庫全書》第 1375 冊。

49. 〔明〕王直:《抑菴文後集》,《景印文淵閣四庫全書》第 1241 冊。

50. 〔明〕王鏊:《震澤集》,《景印文淵閣四庫全書》第 1256 冊。

51. 〔明〕王鏊:《姑蘇志》,《景印文淵閣四庫全書》第 493 頁。

52. 〔明〕劉球:《兩溪文集》,《景印文淵閣四庫全書》第 1243 冊。

53. 〔明〕薛瑄:《敬軒文集》,《景印文淵閣四庫全書》第 1243 冊。

54. 〔明〕徐紘:《明名臣琬琰續錄》,《景印文淵閣四庫全書》第 453 冊。

55. 〔明〕丘濬:《重編瓊臺稿》,《景印文淵閣四庫全書》第 1248 冊。

56. 〔明〕倪岳:《青溪漫稿》,《景印文淵閣四庫全書》第 1251 冊。

57. 〔明〕吳寬:《家藏集》,《景印文淵閣四庫全書》第 1255 冊。

58. 〔明〕錢穀:《吳都文粹續集》,《景印文淵閣四庫全書》第 1385 冊。

59. 〔明〕金幼孜:《金文靖集》,《景印文淵閣四庫全書》第 1240 冊。

60. 〔明〕陳暐:《吳中金石新編》,《景印文淵閣四庫全書》第 683 冊。

61. 〔明〕高攀龍:《高子遺書》,《景印文淵閣四庫全書》第 1292 冊。

62. 〔明〕李賢《古穰集》,《景印文淵閣四庫全書》1244 冊。

63. 〔明〕歸有光:《震川集》,《景印文淵閣四庫全書》第 1289 冊。

64. 〔明〕佚名:《太常續考》,《景印文淵閣四庫全書》第 599 冊。

65. 〔明〕韓雍:《襄毅文集》,《景印文淵閣四庫全書》第 1245 冊。

66.〔明〕岳正:《類博稿》,《景印文淵閣四庫全書》第 1246 冊。

67.〔明〕施閏章:《學餘堂集》,《景印文淵閣四庫全書》第 1313 冊。

68.〔明〕沈鯉:《亦玉堂稿》,《景印文淵閣四庫全書》第 1288 冊。

69.〔明〕鄒元標:《願學集》,《景印文淵閣四庫全書》第 1294 冊。

70.〔明〕徐象梅:《兩浙名賢錄》,《續修四庫全書》史部第 542 冊。

71.〔明〕焦竑:《國朝獻徵錄》,《續修四庫全書》史部第 528 冊。

72.〔明〕雷禮:《國朝列卿紀》,《續修四庫全書》史部第 523 冊。

73.〔明〕陶望齡:《歇菴集》,《續修四庫全書》集部第 1365 冊。

74.〔明〕柯潛:《竹岩集》,《續修四庫全書》集部第 1329 冊。

75.〔明〕黄居中:《千頃齋初集》,《續修四庫全書》第 1363 冊。

76.〔明〕王俁:《思軒文集》,《續修四庫全書》集部第 1329 冊。

77.〔明〕黄汝亨:《寓林集》,《續修四庫全書》集部第 1369 冊。

78.〔明〕湯顯祖:《玉茗堂全集》,《續修四庫全書》集部第 1362 冊。

79.〔明〕王世貞:《弇山堂別集》,北京:中華書局,1985 年。

80.〔明〕王世貞:《弇州四部稿》,《景印文淵閣四庫全書》第 1280 冊。

81.〔明〕朱應登:《凌溪先生集》,《四庫全書存目叢書》集部第 51 冊。

82.〔明〕姚夔:《姚文敏公遺稿》,《四庫全書存目叢書》集部第 34 冊。

83.〔明〕王越:《黎陽王太傅詩文集》,《四庫全書存目叢書》集部第 36 冊。

84.〔明〕李夢陽《空同集》,《景印文淵閣四庫全書》第 1262 冊。

85.〔明〕俞汝楫:《禮部志稿》,《景印文淵閣四庫全書》第 597 冊。

86.〔明〕李東陽:《懷麓堂集》,《景印文淵閣四庫全書》第 1250 冊。

87.〔明〕陸深:《儼山集》,《景印文淵閣四庫全書》第 1268 冊。

88.〔明〕林俊:《見素集》,《景印文淵閣四庫全書》第 1257 冊。

89.〔明〕邵寶:《容春堂續集》,《景印文淵閣四庫全書》第 1258 冊。

90.〔明〕顧清:《東江家藏集》,《景印文淵閣四庫全書》第 1261 冊。

91.〔明〕陸粲:《陸子餘集》,《景印文淵閣四庫全書》第 1274 冊。

92.〔明〕崔銑:《洹詞》,《景印文淵閣四庫全書》第 1274 冊。

93.〔明〕王慎中:《遵巖集》,《景印文淵閣四庫全書》第 1274 冊。

94.〔明〕王世貞:《觚不觚錄》,《景印文淵閣四庫全書》子部第 1041 冊。

95.〔明〕韓邦奇:《苑洛集》,《景印文淵閣四庫全書》第 1269 冊。

96.〔明〕賀復徵:《文章辨體彙選》,《景印文淵閣四庫全書》第 1409 冊。

97.〔明〕何景明:《何大復集》,《景印文淵閣四庫全書》第 1267 冊。

98.〔明〕孫承恩:《文簡集》,《景印文淵閣四庫全書》第 1271 冊。

99.〔明〕顧璘:《顧華玉集》,《景印文淵閣四庫全書》第 1263 冊。

100.〔明〕汪琬:《堯峰文鈔》,《景印文淵閣四庫全書》第 1315 冊。

101.〔明〕羅玘:《圭峰集》,《景印文淵閣四庫全書》第 1259 冊。

102.〔明〕皇甫汸:《皇甫司勳集》,《景印文淵閣四庫全書》第 1275 冊。

103.〔明〕婁堅:《學古緒言》,《景印文淵閣四庫全書》第 1295 冊。

104.〔明〕黃淳耀:《陶庵全集》,《景印文淵閣四庫全書》第 1297 冊。

105.〔明〕劉宗周:《劉蕺山集》,《景印文淵閣四庫全書》第 1294 冊。

106.〔明〕倪謙:《倪文僖集》,《景印文淵閣四庫全書》第 1245 冊。

107.〔明〕胡直:《衡廬精舍藏續稿》,《景印文淵閣四庫全書》第 1287 冊。

108.〔明〕李東陽著、周寅賓點校:《李東陽集》,長沙:嶽麓書社,1984 年。

109.〔明〕徐光啟著,王重民輯校:《徐光啟集》,北京:中華書局,1963 年。

110.〔明〕文徵明著、周道振輯校:《文徵明集》,上海:上海古籍出版社,1985 年。

111.〔明〕謝鐸著、林家驪點校:《謝鐸集》,杭州,浙江古籍出版社,2012 年。

112.〔明〕楊一清著,唐景紳、謝玉傑點校:《楊一清集》,北京:中華書局,2001 年。

113.〔明〕孫應鰲著,趙應昇編校:《孫應鰲集》,北京:人民出版社,2016 年。

114.〔明〕何三畏《雲間志略》,《明代傳記叢刊》第 146 冊,臺北:明文書局,1991 年。

115.〔明〕高拱著,岳金西、岳天雷編校:《高拱全集》,鄭州:中州古籍出版社,2006 年。

116.〔明〕黃佐:《南雍志》,《續修四庫全書》史部第 749 冊。

117.〔明〕陳子龍:《安雅堂稿》,《續修四庫全書》集部第 1388 冊。

118.〔明〕葉盛:《涇東小稿》,《續修四庫全書》集部第 1329 冊。

119.〔明〕嚴嵩:《鈐山堂集》,《續修四庫全書》集部第 1336 冊。

120.〔明〕繆昌期:《從野堂叢稿》,《續修四庫全書》集部第 1373 冊。

121.〔明〕劉春:《東川劉文簡公文集》,《續修四庫全書》第 1332 冊。

122.〔明〕楊廉:《楊文恪公文集》,《續修四庫全書》集部第 1333 冊。

123.〔明〕左光斗:《左忠毅公集》,《續修四庫全書》集部第 1370 冊。

124.〔明〕吳偉業:《梅村家藏稿》,《續修四庫全書》集部第 1396 冊。

125.〔明〕黃道周:《黃石齋先生文集》,《續修四庫全書》集部第 1384 冊。

126.〔明〕張天復:《鳴玉堂稿》,《續修四庫全書》集部第 1348 冊。

127.〔明〕宋槃澄:《九籥集》,《續修四庫全書》第 1374 冊。

128.〔明〕唐錦:《龍江集》,《續修四庫全書》集部第 1334 冊。

129.〔明〕費宏:《費文憲公摘稿》,《續修四庫全書》集部第 1331 冊。

130.〔明〕薛應旂:《方山薛先生全集》,《續修四庫全書》集部第 1343 冊。

131.〔明〕汪舜民:《靜軒先生文集》,《續修四庫全書》集部第 1331 冊。

132.〔明〕過庭訓:《本朝分省人物考》,《續修四庫全書》史部第 523 冊。

133.〔明〕文秉:《先撥志始》,《續修四庫全書》史部第 437 冊。

134.〔明〕毛憲:《昆陵人品記》,《續修四庫全書》史部第 541 冊。

135.〔明〕許相卿:《革朝志》,《四庫全書存目叢書》史部第 47 冊。

136.〔明〕李默:《吏部職掌》,《四庫全書存目叢書》史部第 258 冊。

137.〔明〕申時行:《賜閒堂集》,《四庫全書存目叢書》集部第 134 冊。

138.〔明〕張袞:《張水南文集》,《四庫全書存目叢書》集部第 76 冊。

139.〔明〕葉盛:《菉竹堂集》,《四庫全書存目叢書》集部第 36 冊。

140.〔明〕顧潛:《靜觀堂集》,《四庫全書存目叢書》集部第 48 冊。

141.〔明〕張時徹:《芝園定集》,《四庫全書存目叢書》集部第 82 冊。

142.〔明〕魯鐸:《魯文恪公文集》,《四庫全書存目叢書》集部第 54 冊。

143.〔明〕徐問:《山堂萃稿》,《四庫全書存目叢書》集部第 54 冊。

144.〔明〕李春芳:《貽安堂集》,《四庫全書存目叢書》集部第 113 冊。

145.〔明〕薛應旂:《方山先生文錄》,《四庫全書存目叢書》集部第 102 冊。

146.〔明〕趙貞吉:《趙文肅公文集》,《四庫全書存目叢書》集部第 100 冊。

147.〔明〕趙時春:《濬谷先生集》,《四庫全書存目叢書》集部第 87 冊。

148.〔明〕李濂:《嵩渚文集》,《四庫全書存目叢書》集部第 71 冊。

149.〔明〕陸簡:《龍皋文稿》,《四庫全書存目叢書》集部第 39 冊。

150.〔明〕王世懋:《王奉常集》,《四庫全書存目叢書》集部第 133 冊。

151.〔明〕王以旂:《王襄敏公文集》,《四庫全書存目叢書》集部 68 冊。

152.〔明〕嚴訥:《嚴文靖公集》,《四庫全書存目叢書》集部第 107 冊。

153.〔明〕楊循吉:《松籌堂集》,《四庫全書存目叢書》集部第 43 冊。

154.〔明〕王守仁:《王陽明先生全集》,《四庫全書存目叢書》集部第 50 冊。

155. 〔明〕張弼：《張東海詩文集》，《四庫全書存目叢書》集部第 39 冊。

156. 〔明〕儲巏：《柴墟文集》，《四庫全書存目叢書》集部第 42 冊。

157. 〔明〕李維楨：《大泌山房集》，《四庫全書存目叢書》集部第 153 冊。

158. 〔明〕徐師曾：《湖上集》，《續修四庫全書》集部第 1351 冊。

159. 〔明〕陳鴻恩：《禮記手說》，《四庫全書存目叢書》經部第 94 冊。

160. 〔明〕毛憲：《古菴毛先生文集》，《四庫全書存目叢書》集部第 67 冊。

161. 〔明〕陳繼儒：《見聞錄》，《四庫全書存目叢書》子部第 244 冊。

162. 〔明〕呂柟：《涇野先生文集》，《四庫全書存目叢書》集部 61 冊。

163. 〔明〕瞿景淳：《瞿文懿公文集》，《四庫全書存目叢書》集部第 109 冊。

164. 〔明〕王圻：《王侍御類稿》，《四庫全書存目叢書》集部第 140 冊。

165. 〔明〕徐階：《世經堂集》，《四庫全書存目叢書》集部第 79 冊。

166. 〔明〕莫如忠：《崇蘭館集》，《四庫全書存目叢書》集部第 105 冊。

167. 〔明〕王錫爵：《王文肅公文草》，《四庫全書存目叢書》集部第 136 冊。

168. 〔明〕謝兆申：《謝耳伯先生初集》，《四庫全書存目叢書》集部第 190 冊。

169. 〔明〕于慎行：《穀城山館文集》，《四庫全書存目叢書》集部第 147 冊。

170. 〔明〕張佳胤：《居來先生集》，《四庫全書存目叢書補編》第 51 冊。

171. 〔明〕沈國元：《兩朝從信錄》，《續修四庫全書》史部第 356 冊。

172. 〔明〕金日升：《頌天臚筆》，《續修四庫全書》史部第 439 冊。

173. 〔明〕焦竑：《玉堂叢語》，北京：中華書局，1981 年。

174. 〔明〕焦竑：《焦氏澹園集》，《四庫禁燬書叢刊》集部第 61 冊。

175. 〔明〕王錡：《寓圃雜記》，北京：中華書局，1984 年。

176. 〔明〕謝肇淛：《五雜俎》，上海：上海書店出版社，2001 年。

177. 〔明〕張瀚：《松窗夢語》，上海：上海古籍出版社，1986 年。

178. 〔明〕黃虞稷：《千頃堂書目》，上海：上海古籍出版社，2001 年。

179. 〔明〕施沛：《南京都察院志》，《四庫全書存目叢書補編》第 73 冊。

180. 〔明〕徐顯卿：《天遠樓集》，《四庫全書存目補編》集部第 98 冊。

181. 〔明〕鄧原岳：《西樓全集》，《四庫全書存目叢書》集部第 174 冊。

182. 〔明〕管一德：《皇明常熟文獻志》，萬曆刊本。

183. 〔明〕焦竑、翁正春：《鍥兩狀元編次皇明人物要考》，《四庫禁燬書叢刊》史部第 20 冊。

184. 〔明〕黃洪憲：《碧山學士集》，《四庫禁燬書叢刊》集部 30 冊。

185.〔明〕葉向高:《蒼霞續草》,《四庫禁燬書叢刊》集部第 125 冊。

186.〔明〕沈一貫:《喙鳴文集》,《四庫禁燬書叢刊》集部第 176 冊。

187.〔明〕郭正域:《合併黃離草》,《四庫禁燬書叢刊》集部第 13 冊。

188.〔明〕陸可教:《陸學士遺稿》,《四庫禁燬書叢刊》集部第 60 冊。

189.〔明〕趙南星:《趙忠毅公詩文集》,《四庫禁燬書叢刊》集部第 68 冊。

190.〔明〕李應昇:《落落齋遺集》,《四庫禁燬書叢刊》集部第 50 冊。

191.〔明〕周之夔:《棄草文集》,《四庫禁燬書叢刊》集部第 112 冊。

192.〔明〕黃鳳翔:《田亭草》,《四庫禁燬書叢刊》集部第 44 冊。

193.〔明〕李廷機:《李文節集》,臺北:文海出版社,1972 年。

194.〔明〕吳亮:《止園集》,日本內閣文庫藏本。

195.〔明〕蔡獻臣:《清白堂稿》,《四庫未收書輯刊》第 6 輯第 22 冊。

196.〔明〕王祖嫡:《師竹堂集》,《四庫未收書輯刊》第 5 輯 23 冊。

197.〔明〕丁紹軾:《丁文遠集》,《四庫未收書輯刊》第 5 輯第 25 冊。

198.〔明〕張國維:《張忠敏公遺集》,《四庫未收書輯刊》第 6 輯第 29 冊。

199.〔明〕薛岡:《天爵堂文集》,《四庫未收書輯刊》第 6 輯第 25 冊。

200.〔明〕王祖嫡:《師竹堂集》,《四庫未收書輯刊》第五輯第 23 冊。

201.〔明〕劉世教:《研寶齋遺稿》,《四庫未收書輯刊》第 6 輯第 25 冊。

202.〔明〕董裕:《董司寇文集》,《四庫未收書輯刊》第 5 輯第 22 冊。

203.〔清〕劉繼善:《掩關集》,《四庫未收書輯刊》第 7 輯第 16 冊。

204.〔明〕楊守陳:《楊文懿公文集》,《四庫未收書輯刊》第 5 輯第 17 冊。

205.〔明〕楊坤、繆敬持:《東林同難列傳》,《四庫未收書輯刊》第 1 輯第 18 冊。

206.〔明〕張采:《知畏堂文存》,《四庫禁燬書叢刊》集部第 81 冊。

207.〔明〕顧起元:《遯園漫稿》,《四庫禁燬書叢刊》集部第 104 冊。

208.〔明〕費元祿:《甲秀園集》,《四庫禁燬書叢刊》集部第 62 冊。

209.〔明〕趙用賢《松石齋集》,《四庫禁燬書叢刊》集部第 41 冊。

210.〔明〕帥機:《陽秋館集》,《四庫禁燬書叢刊》集部第 139 冊。

211.〔明〕陳懿典:《陳學士先生初集》,《四庫禁燬書叢刊》集部第 79 冊。

212.〔明〕張鼐:《寶日堂初集》,《四庫禁燬書叢刊》集部第 76 冊。

213.〔明〕黃克纘:《數馬集》,《四庫禁燬書叢刊》集部第 180 冊。

214.〔明〕范允臨:《輸寥館集》,《四庫禁燬書叢刊》集部第 101 冊。

215. 〔明〕顧大韶:《炳燭齋稿》,《四庫禁燬書叢刊》集部第 104 冊。

216. 〔明〕李長祥:《天問閣文集》,《四庫禁燬書叢刊》集部第 11 冊。

217. 〔明〕湯賓尹:《睡庵稿》,《四庫禁燬書叢刊》集部第 63 冊。

218. 〔明〕顧天埈:《顧太史文集》,《四庫禁燬書叢刊》集部第 9 冊。

219. 〔明〕顧起元:《懶真草堂集》,《四庫禁燬書叢刊補編》第 69 冊,北京: 北京出版社,2005 年。

220. 〔明〕韓日纘:《韓文恪集》,《四庫禁燬書叢刊補編》第 70 冊。

221. 〔明〕徐石麒:《可經堂集》,《四庫禁燬書叢刊》集部第 72 冊。

222. 〔明〕孫鑛:《月峰先生居業次編》,《四庫禁燬書叢刊》集部第 126 冊。

223. 〔明〕馮夢龍:《甲申紀事》,《中國野史集成》第 30 冊,成都:巴蜀書社, 1993 年。

224. 〔明〕楊繼盛:《椒山先生自著年譜》,《北京圖書館藏珍本年譜叢刊》第 49 冊,北京:北京圖書館出版社,2001 年。

225. 〔明〕陳壝:《明南京工部尚書進階榮祿大夫簡庵陳公年譜》,《北京圖書館 藏珍本年譜叢刊》第 41 冊。

226. 〔明〕孫岱:《歸震川先生年譜》,《北京圖書館藏珍本年譜叢刊》第 49 冊。

227. 佚名:《汪堯峰先生年譜》,《北京圖書館珍本年譜叢刊》第 76 冊

228. 〔明〕王官:《胡氏宗譜》,明嘉靖三十六年刊本。

229. 〔明〕莊起元:《鶴坡公年譜》,《北京圖書館藏珍本年譜叢刊》第 54 冊。

230. 佚名:《譚襄敏公年譜》,《北京圖書館藏珍本年譜叢刊》第 49 冊。

231. 〔明〕胡博文:《畢司徒東郊先生年譜》,《北京圖書館藏珍本年譜叢刊》第 56 冊。

232. 〔明〕莊鼎鉉:《先考通達大夫全楚大方伯年譜略》,《北京圖書館藏珍本古 籍叢刊》第 54 冊。

233. 〔清〕趙懷玉:《亦有生齋集》,《續修四庫全書》第 1469 冊。

234. 〔清〕錢謙益:《牧齋初學集》,上海:上海古籍出版社,1985 年。

235. 〔明〕錢謙益:《牧齋有學集》,上海:上海古籍出版社,1996 年。

236. 〔清〕黃宗羲:《南雷文定四集》,《清代詩文集彙編》第 33 冊,上海古籍 出版社,2010 年。

237. 〔清〕黃宗羲:《明文海》,《景印文淵閣四庫全書》第 1458 冊。

238. 〔清〕徐枋:《居易堂集》,《續修四庫全書》集部第 1404 冊。

239. 〔清〕金之俊《金文通公集》,《續修四庫全書》集部第 1393 冊。

240. 〔清〕陳瑚:《確菴文稿》,《四庫禁燬書叢刊》集部第 184 冊。

241. 〔清〕王夫之:《識小錄》,《船山全書》第 12 冊,長沙:嶽麓書社,2011年。

242. 〔清〕顧炎武:《明季實錄》,《中國野史集成》第 32 冊,成都:巴蜀書社,1993 年。

243. 〔清〕顧炎武著,黄汝成集釋:《日知錄集釋》,上海:上海古籍出版社,2006 年。

244. 〔清〕計六奇:《明季北略》,《中國野史集成》第 36 冊,成都:巴蜀書社,1993 年。

245. 〔清〕查繼佐《罪惟錄列傳》,《明代傳記從刊》第 86 冊,臺北:明文書局,1991 年。

246. 〔清〕鄒漪:《啟禎野乘》,《明代傳記叢刊》第 127 冊。

247. 〔清〕顧祖禹:《讀史方輿紀要》,北京:中華書局,2005 年。

248. 〔清〕陳夔龍:《夢蕉亭雜記》,北京:北京古籍出版社,1982 年。

249. 〔清〕張廷玉:《明史》,北京:中華書局,1974 年。

250. 〔清〕紀昀:《四庫全書總目提要》,石家莊:河北人民出版社,2000 年。

251. 〔清〕徐鼒:《小腆紀傳》,北京:中華書局,1958 年。

252. 《寰宇通志》,南京:國立中央圖書館,1947 年。

253. 《明一統志》,《景印文淵閣四庫全書》第 472 冊。

254. 成化《中都志》,《天一閣藏明代方志選刊續編》第 33 冊,上海:上海書店,1963 年。

255. 成化《寧波郡志》,《北京圖書館古籍珍本叢刊》史部第 28 冊,北京:書目文獻出版社,1998 年。

256. 成化《杭州府志》,成化刊本。

257. 弘治《太倉州志》,弘治刊本。

258. 弘治《重修無錫縣志》,弘治刊本。

259. 弘治《吳江縣志》,弘治元年刻本。

260. 弘治《上海志》,《天一閣藏明代方志選刊續編》第 7 冊,上海:上海書店,1963 年。

261. 弘治《句容縣志》,《天一閣藏明代方志選刊》第 13 冊,上海:上海書店,1963 年。

262. 弘治《徽州府志》,《天一閣藏明代方志選刊》第 29 冊,上海:上海書店,1963 年。

263. 弘治《貴州圖經新志》,《中國地方志集成‧貴州府縣志輯》第 1 冊,成都:巴蜀書社,2006 年。

264. 正德《松江府志》,《天一閣藏明代方志選刊續編》第 5 冊,上海:上海書店,1963 年。

265. 正德《江寧縣志》,正德刊本。

266. 正德《瓊臺志》,《天一閣藏明代方志選刊》第 60 冊,上海:上海書店,1963 年。

267. 正德《常州府志續集》,正德刊本。

268. 嘉靖《河間府志》,《天一閣藏明代方志選刊》第 1 冊,上海:上海書店,1963 年。

269. 嘉靖《徽州府志》,《北京圖書館藏古籍珍本叢刊》,北京:書目文獻出版社,1998 年。

270. 嘉靖《浙江通志》,《天一閣藏明代方志選刊續編》第 26 冊,上海:上海書店,1963 年。

271. 嘉靖《寶應縣志略》,《天一閣藏明代方志選刊》第 19 冊,上海:上海書店,1963 年。

272. 嘉靖《六合縣志》,《天一閣藏明代方志選刊續編》第 7 冊,上海:上海書店,1963 年。

273. 嘉靖《江西通志》,《四庫全書存目叢書》史部第 183 冊。

274. 嘉靖《陝西通志》,《中國西北稀見方志續集》第 1 冊,北京:全國圖書館文獻微縮複製中心,1997 年。

275. 嘉靖《貴州通志》,《天一閣藏明代方志選刊續編》第 69 冊,上海:上海書店,1963 年。

276. 嘉靖《歸德志》,《天一閣藏明代方志選刊續編》第 60 冊,上海:上海書店,1963 年。

277. 嘉靖《吳江縣志》,《中國史學叢書三編》第四輯,臺北:臺灣學生書局,1987 年。

278. 嘉靖《寧波府志》，嘉靖刊本。

279. 嘉靖《慶陽府志》，嘉靖刊本。

280. 嘉靖《崑山縣志》，嘉靖刊本。

281. 嘉靖《廣德州志》，嘉靖刊本。

282. 嘉靖《霸州志》，明嘉靖刻本。

283. 嘉靖《常熟縣志》，嘉靖刊本。

284. 嘉靖《惟揚志》，《天一閣藏明代方志選刊》第 14 冊，上海：上海書店，1963 年。

285. 嘉靖《滸墅關志》，嘉靖十六年刻本。

286. 嘉靖《福寧州志》，《天一閣藏明代方志選刊續編》第 44 冊，上海：上海書店，1963 年。

287. 隆慶《長洲縣志》，《天一閣藏明代方志選刊續編》第 31 冊，上海：上海書店，1963 年。

288. 隆慶《臨江府志》，《天一閣藏明代方志選刊》第 47 冊，上海：上海書店，1963 年。

289. 萬曆《吉安府志》，《日本藏中國罕見地方志叢刊》第 9 冊，北京：書目文獻出版社，1991 年。

290. 萬曆《重修崑山縣志》，《中國方志叢書‧華中地方‧第四三三號》：臺北：成文出版社有限公司，1983 年。

291. 萬曆《杭州府志》，萬曆刊本。

292. 萬曆《紹興府志》，《中國方志叢書‧華中地方‧第五二〇號》，臺北：成文出版社有限公司，1983 年。

293. 萬曆《順天府志》，《四庫全書存目叢書》史部第 208 冊。

294. 萬曆《應天府志》，萬曆刊本。

295. 萬曆《江寧縣志》，萬曆刊本。

296. 萬曆《常州府志》，萬曆刊本。

297. 萬曆《淮安府志》，《天一閣藏明代方志選刊續編》第 8 冊，上海：上海書店，1963 年。

298. 萬曆《新修餘姚縣志》，萬曆刊本。

299. 萬曆《滁陽志》，萬曆刊本。

300. 萬曆《河間府志》，萬曆刊本。

301. 萬曆《揚州府志》,《北京圖書館古籍珍本叢刊》史部第 25 冊,北京:書目文獻出版社,1998 年。

302. 萬曆《江都縣志》,萬曆刊本。

303. 萬曆《保定縣志》,《日本藏中國罕見地方志叢刊》第 16 冊,北京:書目文獻出版社,1991 年。

304. 萬曆《湖廣總志》,《四庫全書存目叢書》史部第 194 冊。

305. 萬曆《粵大記》,《日本藏中國罕見地方志叢刊》第 8 冊,北京:書目文獻出版社,1990 年。

306. 萬曆《瓊州府志》,《日本藏中國罕見地方志叢刊》第 22 冊,北京:書目文獻出版社,1990 年。

307. 萬曆《山西通志》,萬曆刊本。

308. 萬曆《福寧州志》,《日本藏中國罕見地方志叢刊》第 4 冊,北京:書目文獻出版社,1990 年。

309. 萬曆《儋州志》,海口:海南出版社,2004 年。

310. 萬曆《嘉定縣志》,《中國方志叢書・華中地方・第四二一號》,臺北:成文出版社有限公司,1983 年。

311. 萬曆《青浦縣志》,萬曆刊本。

312. 萬曆《合州志》,《日本藏中國罕見地方志選刊》第 32 冊,北京:書目文獻出版社,1990 年。

313. 崇禎《松江府志》,《日本藏中國罕見地方志從刊》第 23 冊,北京:書目文獻出版社,1990 年。

314. 崇禎《吳縣志》,《天一閣藏明代方志選刊續編》第 16 冊,上海:上海書店,1963 年。

315. 順治《潁州志》,順治刊本。

316. 順治《歸德府志》,順治刊本。

317. 康熙《紹興府志》,康熙刊本。

318. 康熙《畿輔通志》,康熙刊本。

319. 康熙《宛平縣志》,《中國地方志集成・北京府縣志輯》第 5 冊,上海:上海書店,2002 年。

320. 康熙《大興縣志》,《中國地方志集成・北京府縣志輯》第 7 冊,上海:上海書店,2002 年。

321. 康熙《三河縣志》，康熙刊本。

322. 康熙《江寧縣志》，康熙刊本。

323. 康熙《餘杭縣志》，康熙刊本。

324. 康熙《常州府志》，康熙刊本。

325. 康熙《滁州志》，康熙刊本。

326. 康熙《鄱陽縣志》，康熙刊本。

327. 康熙《江都縣志》，《華東師範大學圖書館藏稀見叢書彙刊》第 5 冊，北京：北京圖書館，2006 年。

328. 康熙《休寧縣志》，《中國方志叢書·華中地方·第九〇號》，臺北：成文出版有限公司，1983 年。

329. 康熙《鄞縣志》，《中國地方志集成·浙江府縣志輯》第 18 冊，上海：上海書店出版社，2000 年。

330. 康熙《秀水縣志》，《中國地方志集成·浙江府縣志輯》第 31 冊，上海：上海書店出版社，2000 年。

331. 康熙《徽州府志》，《中國方志叢書·華中地方·第二三七號》，臺北：成文出版有限公司，1967 年。

332. 康熙《江南通志》，《中國地方志集成·省志輯·江南①》，南京：鳳凰出版社，2011 年。

333. 雍正《畿輔通志》，《景印文淵閣四庫全書》第 505 冊。

334. 雍正《江西通志》，《景印文淵閣四庫全書》第 514 冊。

335. 雍正《浙江通志》，《景印文淵閣四庫全書》第 522 冊。

336. 雍正《山西通志》，《景印文淵閣四庫全書》第 544 冊。

337. 《大清一統志》，《景印文淵閣四庫全書》第 474 冊。

338. 雍正《寧波府志》，雍正刊本。

339. 雍正《安東縣志》，雍正刊本。

340. 乾隆《福建通志》，《景印文淵閣四庫全書》第 529 冊。

341. 乾隆《江寧新志》，乾隆刊本。

342. 乾隆《江南通志》，《景印文淵閣四庫全書》第 510 冊。

343. 乾隆《貴州通志》，《景印文淵閣四庫全書》第 572 冊。

344. 乾隆《新修慶陽府志》，《中國地方志集成·甘肅府縣志輯》第 22 冊，南京：鳳凰出版社，2009 年。

345. 乾隆《歙縣志》，乾隆刊本。

346. 乾隆《直隸遵化州志》，乾隆刊本。

347. 乾隆《宜章縣志》，乾隆刊本。

348. 乾隆《武進縣志》，乾隆刊本。

349. 乾隆《無為州志》，乾隆刊本。

350. 乾隆《三河縣志》，乾隆刊本。

351. 乾隆《合州志》，《故宮珍本叢刊・四川府州縣志》第 11 冊，海南：海南出版社，2001 年。

352. 嘉慶《新修江寧府志》，《中國地方志集成・江蘇府縣志輯①》，南京：江蘇古籍出版社，1991 年。

353. 嘉慶《廬州府志》，《中國地方志集成・安徽府縣志輯①》，南京：江蘇古籍出版社，1998 年。

354. 嘉慶《溧陽縣志》，《中國地方志集成・江蘇府縣志輯》第 32 冊，南京：江蘇古籍出版社，1991 年。

355. 道光《巢縣志》，《中國地方志集成・安徽府縣志輯①》，南京：江蘇古籍出版社，1998 年。

356. 同治《蘇州府志》，《中國地方志集成・江蘇府縣志輯》第 8 冊，南京：江蘇古籍出版社，1991 年。

357. 光緒《吉水縣志》，光緒刊本。

358. 光緒《滁州志》，光緒刊本。

二、今人論著

（一）著作

1. 國立中央圖書館編印：《明人傳記資料索引》，臺北：文史哲出版社，1965 年。

2. 李小林、李晟文主編：《明史研究備覽》，天津：天津教育出版社，1988 年。

3. 謝巍：《中國歷代人物年譜考錄》，北京：中華書局，1992 年。

4. 楊國禎、陳支平：《明史新編》，北京：人民出版社，1993 年。

5. 白新良：《中國古代書院發展史》，天津：天津大學出版社，1995 年。

6. 王振忠：《明清徽商與淮揚社會變遷》，北京：三聯書店，1996 年。

7. 曹樹基：《中國移民史》，福州：福建人民出版社，1997 年。

8. 牛建強：《明代人口流動與社會變遷》，開封：河南大學出版社，1997 年。

9. 吳宣德：《中國教育制度通史・明代卷》，濟南：山東教育出版社 1999 年。

10. 南炳文、湯綱：《明史》，上海：上海人民出版社，2003 年。

11. 張顯清、林金樹主編：《明代政治史》，桂林：廣西師範大學出版社，2003 年。

12. 陳詩啟：《從明代官手工業到中國近代海關史研究》，廈門：廈門大學出版社，2004 年。

13. 錢茂偉：《國家、科舉與社會——以明代為中心的考察》，北京：北京圖書館出版社，2004 年。

14. 劉海峰、李兵：《中國科舉史》，上海：東方出版中心，2004 年。

15. 萬明主編：《晚明社會變遷問題與研究》，北京：商務印書館，2005 年。

16. 張顯清：《張顯清文集》，上海：上海辭書出版社，2005 年。

17. 張英聘：《明代南直隸方志研究》，北京：社會科學出版社，2005 年。

18. 陳寶良：《明代儒學生員與地方社會》，北京：中國社會科學出版社，2005 年。

19. 劉海峰：《科舉學導論》，武漢：華中師範大學出版社，2005 年。

20. 彭勇：《明代班軍制度研究——以京操班軍為中心》，北京：中央民族大學出版社，2005 年。

21. 南炳文、何孝榮：《明代文化研究》，北京：人民出版社，2006 年。

22. 郭培貴：《明史選舉志考論》，北京：中華書局，2006 年。

23. 郭紅、靳潤成：《中國行政區劃通史・明代卷》，上海：復旦大學出版社，2007 年。

24. 張金奎：《明代衛所軍戶研究》，北京：線裝書局，2007 年。

25. 王毓銓主編：《中國經濟通史・明代經濟卷》，北京：中國社會科學出版社，2007 年。

26. 張顯清主編：《明代後期社會轉型研究》，北京：中國社會科學出版社，2008 年。

27. 陳長文：《明代科舉文獻研究》，濟南：山東大學出版社，2008 年。

28. 郭培貴：《明代科舉史事編年考證》，北京：科學出版社，2008 年。

29. 方志遠：《明代國家機構及其運行機制》，北京：科學出版社，2008 年。

30. 汪維真：《明代鄉試解額制度研究》，北京：社會科學出版社，2009 年。

31. 吳宣德：《明代進士的地理分布》，香港：中文大學出版社，2009 年。

32. 南炳文、吳彥玲：《輯校萬曆起居注》，天津：天津古籍出版社，2010 年。

33. 何丙仲、吳鶴立編纂：《廈門墓誌銘匯粹》，廈門：廈門大學出版社，2011 年。

34. 白鋼主編：《中國政治制度史》，天津：天津人民出版社，2012 年。

35. 王家範：《中國歷史通論》，北京：生活・讀書・新知三聯書店，2012 年。

36. 何炳棣著、徐泓譯注：《明清社會史論》，臺北：聯經出版社 2013 年。

37. 陳久全：《陳其學傳略》，濟南：山東人民出版社，2013 年。

38. 何孝榮：《明代南京寺院研究》，北京：故宮出版社，2013 年。

39. 王家範：《漂泊航程：歷史長河中的明清之旅》，北京：北京師範大學出版社，2013 年。

40. 嚴其林：《鎮江進士研究》，上海：復旦大學出版社，2014 年。

41. 陳寶良：《明代社會轉型與文化變遷》，重慶：重慶大學出版社，2014 年。

42. 郭培貴：《明代學校科舉與任官制度研究》，北京：中國大百科全書出版社，2014 年。

43. 郭培貴：《中國科舉制度通史・明代卷》，上海：上海人民出版社，2015 年。

44. 李世愉、胡平：《中國科舉制度通史・清代卷》，上海：上海人民出版社，2015 年。

45. 樊樹志：《晚明史》，上海：復旦大學出版社，2015 年。

46. 邱進春：《明代江西進士考證》，北京：中國社會科學出版社，2015 年。

47. 高壽仙：《明代北京社會經濟史研究》，北京：人民出版社，2015 年。

48. 李新峰：《明代衛所政區研究》，北京：北京大學出版社，2016 年。

49. 陳寶良：《明代士大夫的精神世界》，北京：北京師範大學出版社，2017 年。

50. 王紅春：《明代進士家狀研究》，上海：上海書店出版社。

51. 高壽仙：《變與亂：明代社會與思想史論》，北京：人民出版社，2018 年。

52. 陳時龍：《明代的科舉與經學》，北京：中國社會科學出版社，2018 年。

53. 王家範：《明清江南史叢稿》，北京：生活・讀書・新知三聯書店，2018 年。

54. 徐泓：《明清社會史論集》北京：北京大學出版社，2020 年。

（二）論文

1. 徐泓：《明後期商品經濟與社會風氣的變遷》，《廣東社會科學》1993 年第 1 期。

2. 範金民：《明代江南進士甲天下及其原因》，《明史研究》第五輯，合肥：黃山書社 1997 年。

3. 範金民：《明清江南進士數量、地域分布及其特色淺析》，《南京大學學報》1997 年第 2 期。

4. 夏維中、範金民：《明清江南進士研究之二──人數眾多的原因分析》，《歷史檔案》1997 年第 4 期。

5. 張顯清：《科舉制歷史作用芻議》，《中國社會科學院研究生院學報》1998 年第 1 期。

6. 沈登苗：《明清全國進士與人才的時空分布及其相互關係》，《中國文化研究》1999 年冬之卷。

7. 范毅軍：《明中葉以來江南市鎮的成長趨勢與擴張性質》，《歷史語言研究所集刊》第 73 卷，2002 年第 3 期。

8. 吳琦：《壽齡與政治：明代閣臣壽齡及其影響因素》，《華中師範大學學報》2003 年第 4 期。

9. 沈登苗：《明代雙籍進士的分布、流向與明代移民史》，《歷史地理》第 20 輯，上海：上海人民出版社，2004 年。

10. 南炳文：《論明人年譜的價值與利用》，《求是學刊》2004 年第 6 期。

11. 展龍：《〈四庫全書總目〉焦竑著述提要補正兩則》，《大學圖書情報學刊》，2005 年第 2 期。

12. 王家範：《明清易代的偶然性與必然性》，《史林》2005 年第 1 期。

13. 夏維中：《洪武初期江南農村基層組織的演進》，《江蘇社會科學》2005 年第 6 期。

14. 陳長文：《明代科舉中的「官年」現象》，《史學月刊》2006 年第 11 期。

15. 邱進春：《明代「貢士」小考》，《武漢大學學報》2006 年第 1 期。

16. 龔延明、邱進春：《明代登科進士總數考》，《浙江大學學報》2006 年第 3 期。

17. 邱進春、毛曉陽：《官年與限年──兼與陳長文兄商榷》，《江西師範大學學報》2008 年第 2 期。

18. 吳宣德、王紅春：《明代會試試經考略》,《教育學報》2011 年第 1 期。

19. 郭培貴：《明代庶吉士群體構成及其特點》,《歷史研究》2011 年第 6 期。

20. 方志遠：《明代多元化社會的形成與歷史啟示》,《光明日報》 2011 年史學理論版。

21. 沈登苗：《就明代進士祖上的生員身份與何炳棣再商榷——以天一閣藏《明代進士登科錄》為中心》,《中國社會歷史評論》,2011 年第 12 卷。

22. 郭培貴：《明代一甲進士群體戶類與地域分布考述》,2012 年第 6 期。

23. 郭培貴：《明代解元考中進士的比例、年齡與空間分布》,《清華大學學報》2012 年第 5 期。

24. 高壽仙：《關於明朝的籍貫和戶籍問題》,《北京聯合大學學報》2013 年第 1 期。

25. 郭培貴、蔡惠茹：《論福建科舉在明代的領先地位及其成因》,《福建師範大學學報》2013 年第 6 期。

26. 丁修真：《明代科舉地理現象的再認識——以徽州府科舉群體為例》,《安徽師範大學學報》2014 年第 6 期。

27. 郭培貴：《明代山東解元的空間分布與社會流動》,《東嶽論叢》2015 年第 3 期。

28. 郭培貴：《明代進士家族相關問題考論》,《求是學刊》2015 第 6 期。

29. 牛建強：《從制度層面看明代國家的基層社會控制》,《中國史研究》2015 年第 1 期。

30. 丁修真：《科舉的「在地」：論科舉史的地方脈絡——以明代常熟縣為中心》,《史林》2016 年第 3 期。

31. 郭培貴：《明代科舉功名群體的歷史作用》,《光明日報》2017 年史學理論版。

32. 劉明鑫：《論明代南京鄉試對南京旅店、娛樂、圖書業的影響》,《江蘇社會科學》2017 年第 3 期。

33. 張明富：《明代商業政策再認識》,《歷史研究》2018 年第 6 期。

34. 丁修真：《興衰倏忽：宋明時期徽州科舉地理的演變——以《春秋》專經為視角》,《江海學刊》2018 年第 2 期。

35. 劉明鑫：《明代的科舉走報》,《史學月刊》2019 年第 7 期。

36. 李伯重：《明代後期國家決策機制研究》,《中華文史論叢》2019 年第 1 期。

37. 王世華、張劍：《木與林：如何評價徽商捐助公益慈善事業的行為——與卞利先生商榷》，《中國社會經濟史研究》2019 年第 3 期。

38. 丁修真：《「小地方」的科舉社會史：明代祁門科舉盛衰考論》，《史學集刊》2019 年第 5 期。

39. 丁修真：《科舉的競爭：明代南直隸地區〈春秋〉專經現象研究》，《中國史研究》2020 年第 1 期。

40. 方志遠：《明前期國家治理中的民生關懷》，《歷史研究》2020 年第 3 期。

41. 祝虻：《齒德雙隆：明代徽州的「壽官」》，《安徽大學學報》2020 年第 3 期。

42. 田澍：《防範第二個張居正的出現：萬曆朝的政治特點——「明亡於萬曆」新解》，《史學集刊》2020 年第 4 期。

43. 張獻忠：《晚明科舉與思想、時政之關係考察——以袁黃科舉經歷為中心》，《中國史研究》2020 年第 4 期。

44. 丁修真、徐佳：《江南科舉的歷史演進：明代「〈易〉則吾蘇而已」現象探賾》，《歷史教學問題》2020 年第 5 期。

45. 田澍：《明朝遷都北京與多民族國家治理》，《學術月刊》2020 年第 12 期。

附錄一　明代歷科南直隸進士基本信息彙編表

洪武四年辛亥科（1371）：南直隸籍進士共 2 名〔註1〕

序號	姓　名	甲　次	現籍地	籍
1	魏益	三甲	徐州碭山縣	民
2	秦亨	三甲	鳳陽府亳州	民

洪武十八年乙丑科（1385）：南直隸籍進士共 41 名〔註2〕

序號	姓　名	甲　次	現籍地	籍
1	秦逵	二甲	直隸寧國府宣城縣	-
2	方升	二甲	直隸安慶府懷寧縣	-
3	張弘	二甲	直隸安慶府宿松縣	-
4	鄧祐	二甲	直隸揚州府江都縣	-
5	顧諟	二甲	直隸松江府華亭縣	-
6	陳迪	二甲	直隸鎮江府丹徒縣	-
7	張博	二甲	直隸鳳陽府泗州	-

〔註1〕史料依據為《洪武四年進士登科錄》。需指出的是，洪武元年亳州降為縣，隸屬於河南歸德州，但自洪武六年隸屬於臨濠府潁州，弘治九年復升為州，隸屬於鳳陽府。也即自洪武六年直至明末，亳州隸屬於南直隸政區，故確認秦亨為南直隸進士。

〔註2〕史料依據為《登科考》。

8	楊告	二甲	直隸鳳陽府壽州	-
9	徐諒	二甲	直隸松江府華亭縣	-
10	楊靖	二甲	直隸淮安府山陽縣	-
11	李郁	二甲	直隸鎮江府丹徒縣	-
12	周原	三甲	直隸太平府繁昌縣	-
13	唐宗哲	三甲	直隸松江府華亭縣	-
14	張敏德	三甲	直隸鳳陽府蒙城縣	-
15	余文	三甲	應天府六合縣	-
16	錢仕宗	三甲	直隸松江府華亭縣	-
17	孫盛	三甲	直隸鳳陽府泗州	-
18	陸鎰	三甲	直隸蘇州府吳縣	-
19	許晉	三甲	應天府句容縣	-
20	唐俊民	三甲	直隸常州府武進縣	-
21	陳傑	三甲	直隸揚州府高郵州	-
22	胡昌齡	三甲	直隸徽州府歙縣	-
23	王覬	三甲	直隸松江府華亭縣	-
24	凌輅	三甲	應天府句容縣	-
25	唐晟	三甲	直隸松江府華亭縣	-
26	孫仁	三甲	直隸鳳陽府壽州	-
27	姚恕	三甲	直隸廣德州建平縣	-
28	張禮	三甲	直隸松江府華亭縣	-
29	程善	三甲	直隸徽州府婺源縣	-
30	許靈	三甲	直隸常州府無錫縣	-
31	馮原智	三甲	直隸蘇州府吳縣	-
32	葛桓	三甲	直隸常州府無錫縣	-
33	陳敬宗	三甲	直隸池州府貴池縣	-
34	王鎮	三甲	直隸滁州	-
35	楊新	三甲	直隸盧州府合肥縣	-
36	桂滿	三甲	直隸鳳陽府臨淮縣	-
37	惠忠	三甲	直隸盧州府合肥縣	-
38	馬驤	三甲	直隸常州府武進縣	-
39	王遜	三甲	直隸蘇州府崑山縣	-
40	陳迪	三甲	直隸常州府宜興縣	-
41	柏英	三甲	直隸揚州府高郵州	-

洪武二十一年戊辰科（1388）：南直隸籍進士共 7 名〔註3〕

序號	姓　名	甲　次	現籍地	籍
1	施顯	二甲	直隸蘇州府常熟縣	-
2	齊德（後改名齊泰）	三甲	應天府溧陽縣	-
3	蕭敏	三甲	直隸廬州府合肥縣	-
4	繆煜	三甲	直隸常州府江陰縣	-
5	祀（祝）淵	三甲	直隸廬州府舒城縣	-
6	陳文銘	三甲	直隸鳳陽府臨淮縣	-
7	張熺	三甲	直隸廬州府英山縣	-

洪武二十四年辛未科（1391）：南直隸籍進士共 1 名〔註4〕

序號	姓　名	甲　次	現籍地	籍
1	許觀	一甲	直隸池州府貴池縣	-

洪武二十七年甲戌科（1394）：南直隸籍進士共 8 名〔註5〕

序號	姓　名	甲　次	現籍地	籍
1	任勉	二甲	直隸松江府華亭縣	-
2	郭彧	三甲	直隸鳳陽府蒙城縣	-
3	李彬	三甲	直隸太平府當塗縣	-
4	顧恒	三甲	直隸松江府華亭縣	-
5	武信	三甲	直隸滁州	-
6	呂祥	三甲	直隸松江府華亭縣	-
7	沈暹	三甲	直隸松江府華亭縣	-
8	俞允	三甲	直隸松江府華亭縣	-

洪武三十年丁丑科春榜（1397）：南直隸籍進士共 1 名〔註6〕

序號	姓　名	甲　次	現籍地	籍
1	盛敬	二甲	直隸太平府當塗縣	-

〔註3〕史料依據為《登科考》《貢舉考》《碑錄》。需指出的是，《登科考》《貢舉考》《碑錄》闕載齊德，具體考證詳見本文第一章第一節。

〔註4〕史料依據為《登科考》《貢舉考》《碑錄》。

〔註5〕史料依據為《登科考》《貢舉考》《碑錄》。

〔註6〕史料依據為《登科考》《貢舉考》《碑錄》。

洪武三十年丁丑科夏榜（1397）：無南直隸籍進士

建文二年庚辰科（1400）：南直隸籍進士共 26 名〔註7〕

序號	姓 名	甲 次	現籍地	籍
1	邱旃	二甲	直隸淮安府沭陽縣	軍
2	張禮聞	二甲	直隸廣德州	民
3	顧斌	二甲	直隸揚州府高郵州	民
4	劉福	二甲	直隸揚州府通州	民
5	朱原貞	二甲	直隸徽州府婺源縣	民
6	周銓	二甲	直隸鳳陽府懷遠縣	民
7	黃鉞	二甲	直隸蘇州府常熟縣	儒
8	胡濙	二甲	直隸常州府武進縣	民
9	秦鳳	二甲	直隸廬州府舒城縣	軍
10	顧詳	二甲	直隸揚州府通州	軍
11	陳獻	三甲	直隸淮安府鹽城縣	民
12	王能	三甲	直隸鳳陽府鳳陽縣	民
13	尹惟忠	三甲	直隸揚州府通州海門縣	民
14	王彝	三甲	直隸安慶府懷寧縣	民
15	齊政	三甲	直隸淮安府山陽縣	民
16	嚴升	三甲	直隸太平府繁昌縣	儒
17	盧廣	三甲	直隸鳳陽府壽州	民
18	劉永	三甲	直隸應天府句容縣	民
19	唐吉祥	三甲	直隸徽州府歙縣	民
20	陳善	三甲	直隸蘇州府崑山縣	民
21	王郁	二甲	直隸鳳陽府宿州靈璧縣	-
22	唐復	三甲	直隸常州府武進縣	民
23	俞本	三甲	直隸太平府蕪湖縣	民
24	蕭潭	三甲	直隸蘇州府吳江縣	民
25	孫讓	三甲	直隸應天府溧水縣	民
26	顧謙	三甲	直隸揚州府儀真縣	民

〔註7〕史料依據為《建文二年殿試登科錄》。

永樂二年甲申科（1404）：南直隸籍進士共 71 名〔註8〕

序號	姓　名	甲　次	現籍地	籍
1	杜欽	二甲	直隸常州府宜興縣	-
2	張英	二甲	直隸揚州府江都縣	-
3	林政	二甲	直隸揚州府江都縣	-
4	周佑	二甲	直隸太平府當塗縣	-
5	殷嘽	二甲	直隸蘇州府吳縣	-
6	王仲壽	二甲	應天府江寧縣	-
7	邵翼	二甲	直隸蘇州府嘉定縣	-
8	仲昌	二甲	直隸淮安府沐陽縣	-
9	段民	二甲	直隸常州府武進縣	-
10	楊勉	三甲	應天府江寧縣	-
11	白瑜	三甲	直隸常州府武進縣	-
12	曹鼎	三甲	直隸蘇州府長洲縣	-
13	吳文華	三甲	直隸蘇州府長洲縣	-
14	許森	三甲	直隸寧國府宣城縣	-
15	韓庸	三甲	直隸常州府江陰縣	-
16	沈達	三甲	直隸蘇州府吳縣	-
17	李顯	三甲	直隸鎮江府金壇縣	-
18	金輝	三甲	直隸徽州府休寧縣	-
19	李衡	三甲	直隸太平府當塗縣	-
20	吳淵	三甲	直隸池州府青陽縣	-
21	劉志學	二甲	直隸鳳陽府五河縣	-
22	范進	三甲	應天府句容縣	-
23	趙理	三甲	直隸揚州府江都縣	-
24	徐迪	三甲	直隸蘇州府嘉定縣	-
25	汪景明	三甲	直隸徽州府黟縣	-
26	周冕	三甲	直隸太平府繁昌縣	-
27	官績	二甲	直隸常州府江陰縣	-
28	吳鐸	二甲	直隸太平府當塗縣	-
29	史彬	二甲	應天府溧水縣	-
30	邢郁	二甲	直隸太平府繁昌縣	-

〔註8〕史料依據為《登科考》《貢舉考》《碑錄》。

31	白賁	二甲	直隸和州	-
32	馮吉	二甲	直隸松江府上海縣	-
33	殷序	二甲	直隸常州府無錫縣	-
34	楊紀	二甲	直隸廣德州	-
35	黃惟正	二甲	直隸揚州府江都縣	-
36	俞士真	二甲	直隸徽州府婺源縣	-
37	蔡庸	三甲	直隸常州府江陰縣	-
38	楊旻	三甲	直隸蘇州府長洲縣	-
39	彭禮	三甲	直隸太平府當塗縣	-
40	張信	三甲	直隸太平府當塗縣	-
41	丁璿	三甲	應天府上元縣	-
42	殷瓚	三甲	直隸蘇州府常熟縣	-
43	曹福	三甲	直隸太平府當塗縣	-
44	趙琰	三甲	直隸鳳陽府鳳陽縣	-
45	劉瓊	三甲	直隸太平府當塗縣	-
46	王玭	三甲	直隸蘇州府嘉定縣	-
47	王槐	二甲	直隸寧國府太平縣	-
48	劉庸	三甲	直隸松江府上海縣	-
49	范彬	三甲	直隸蘇州府吳縣	-
50	孫陞	三甲	直隸廣德州建平縣	-
51	曹廣	三甲	應天府江寧縣	-
52	後敏	三甲	直隸太平府當塗縣	-
53	胡智	二甲	直隸太平府當塗縣	-
54	周霖	二甲	直隸松江府上海縣	-
55	洪清	二甲	直隸鳳陽府太和縣	-
56	李鑒	二甲	直隸廣德州建平縣	-
57	張庸	二甲	直隸蘇州府吳縣	-
58	汪彥純	二甲	直隸徽州府黟縣	-
59	劉榮	二甲	直隸安慶府桐城縣	-
60	嚴潤	二甲	直隸太平府當塗縣	-
61	郭景曜	二甲	直隸池州府建德縣	-
62	杜春	二甲	直隸鎮江府丹徒縣	-
63	汪良仕	三甲	直隸徽州府婺源縣	-
64	沈忠	三甲	直隸蘇州府吳縣	-

65	吳文郁	三甲	直隸徽州府黟縣	-
66	張循禮	三甲	直隸松江府華亭縣	-
67	聶聰	三甲	直隸安慶府潛山縣	-
68	周文郁	三甲	直隸蘇州府長洲縣	-
69	黃用	三甲	直隸揚州府如皋縣	-
70	謝芳	三甲	直隸常州府武進縣	-
71	汪獻	三甲	直隸徽州府休寧縣	-

永樂四年丙戌科（1406）：南直隸籍進士共 21 名〔註9〕

序號	姓　名	甲　次	現籍地	籍
1	劉鑒	二甲	直隸揚州府高郵州	-
2	汪善	二甲	直隸徽州府歙縣	-
3	沈驥	二甲	直隸松江府上海縣	-
4	王琮	三甲	應天府溧水縣	-
5	白春	三甲	直隸廬州府六安州	-
6	李玉	三甲	直隸蘇州府吳縣	-
7	劉紹	三甲	直隸蘇州府吳縣	-
8	謝孚	三甲	直隸太平府當塗縣	-
9	陳厚	三甲	直隸廬州府合肥縣	-
10	葉承宗	三甲	直隸蘇州府嘉定縣	-
11	仇忠	三甲	直隸蘇州府吳縣	-
12	濮陽恭	三甲	直隸太平府當塗縣	-
13	徐瑢	三甲	直隸鎮江府金壇縣	-
14	王紹	三甲	直隸廬州府舒城縣	-
15	陳達	三甲	直隸蘇州府長洲縣	-
16	曹士正	三甲	直隸徐州蕭縣	-
17	呂旦	三甲	直隸蘇州府崑山縣	-
18	趙益	三甲	應天府江寧縣	-
19	戈斌	三甲	直隸揚州府通州	-
20	高庸	三甲	直隸蘇州府長洲縣	-
21	汪澍	三甲	直隸徽州府黟縣	-

〔註 9〕史料依據為《登科考》《貢舉考》《碑錄》。

永樂九年辛卯科（1411）：南直隸籍進士共 8 名〔註10〕

序號	姓　名	甲　次	現籍地	籍
1	苗衷	一甲	直隸鳳陽府定遠縣	民
2	金庠	二甲	直隸蘇州府長洲縣	民
3	盛衍	二甲	應天府江寧縣	民
4	陳祚	三甲	直隸蘇州府吳縣	匠
5	郭震	三甲	直隸鳳陽府臨淮縣	民
6	具斌	三甲	直隸鳳陽府五河縣	民
7	朱約	三甲	直隸松江府華亭縣	民
8	邵聰	三甲	直隸揚州府泰州如皋縣	民

永樂十年壬辰科（1412）：南直隸籍進士共 18 名〔註11〕

序號	姓　名	甲　次	現籍地	籍
1	揚伸	二甲	直隸蘇州府常熟縣	民
2	蔣禮	二甲	直隸和州	民
3	檀凱	二甲	直隸池州府建德縣	民
4	張思安	二甲	直隸常州府無錫縣	民
5	黃翰	二甲	直隸松江府華亭縣	軍
6	徐俊	二甲	直隸池州府建德縣	民
7	吳賜	二甲	直隸池州府貴池縣	民
8	鞠祥	三甲	直隸和州	軍
9	顏澤	三甲	直隸常州府江陰縣	民
10	陽清	三甲	直隸應天府上元縣	民
11	史循	三甲	直隸應天府江寧縣	民
12	周常	三甲	直隸鳳陽府定遠縣	民
13	史詠	三甲	直隸應天府溧陽縣	民
14	彭睿	三甲	直隸蘇州府嘉定縣	民
15	劉濟	三甲	直隸應天府句容縣	民
16	陳鎰	三甲	直隸蘇州府吳縣	軍
17	劉璉	三甲	直隸應天府江寧縣	民
18	方復	三甲	直隸安慶府潛山縣	民

〔註10〕史料依據為《永樂九年進士登科錄》。
〔註11〕史料依據為《永樂十年進士登科錄》。

永樂十三年乙未科（1415）：南直隸進士共 48 名〔註12〕

序號	姓　名	甲　次	現籍地	籍
1	吳士彧	二甲	直隸松江府華亭縣	-
2	劉麒	二甲	應天府江寧縣	-
3	陳孚	二甲	直隸揚州府海門縣	-
4	姚堅	二甲	應天府江寧縣	-
5	方勉	二甲	直隸徽州府歙縣	-
6	曹義	二甲	應天府句容縣	-
7	高志	二甲	應天府句容縣	-
8	李芳	二甲	直隸鳳陽府潁上縣	-
9	李義	二甲	直隸蘇州府長洲縣	-
10	張益	三甲	應天府江寧縣	-
11	宋拯	三甲	應天府江寧縣	-
12	史常	三甲	應天府溧陽縣	-
13	謝瑤	三甲	直隸蘇州府吳縣	-
14	徐方	三甲	直隸蘇州府吳縣	-
15	鄭行簡	三甲	直隸徽州府歙縣	-
16	丁毅	三甲	直隸廬州府無為州	-
17	王俊得	三甲	直隸徽州府黟縣	-
18	張庸	三甲	直隸滁州	-
19	童文	三甲	應天府上元縣	-
20	盛能	三甲	直隸鳳陽府潁上縣	-
21	朱泉	三甲	直隸蘇州府崑山縣	-
22	陳昶	三甲	直隸池州府青陽縣	-
23	謝璘	三甲	應天府句容縣	-
24	王諭	三甲	直隸淮安府山陽縣	-
25	沈暘	三甲	直隸蘇州府吳縣	-
26	顧珪	三甲	直隸松江府華亭縣	-
27	魯讓	三甲	直隸廬州府合肥縣	-
28	李蕡	三甲	直隸蘇州府長洲縣	-
29	陳文璧	三甲	直隸松江府華亭縣	-
30	高谷	三甲	直隸揚州府興化縣	-

〔註12〕史料依據為《登科考》《貢舉考》《碑錄》。

31	王珣	三甲	直隸揚州府高郵州	-
32	饒政	三甲	直隸安慶府望江縣	-
33	張衡	三甲	直隸松江府上海縣	-
34	陳善	三甲	直隸常州府宜興縣	-
35	徐景安	三甲	直隸揚州府華亭縣	-
36	談信	三甲	直隸廣德州	-
37	陳敏	三甲	直隸揚州府通州	-
38	沈敬	三甲	直隸松江府華亭縣	-
39	鄭猷	三甲	應天府六合縣	-
40	李升	三甲	直隸松江府上海縣	-
41	吳進	三甲	直隸太平府當塗縣	-
42	葛貞	三甲	直隸太平府當塗縣	-
43	唐哲	三甲	直隸松江府華亭縣	-
44	張文忠	三甲	直隸徽州府婺源縣	-
45	俞士悅	三甲	直隸蘇州府長洲縣	-
46	張堅	三甲	直隸太平府蕪湖縣	-
47	吳璘	三甲	應天府江寧縣	-
48	謝暉	三甲	直隸廬州府合肥縣	-

永樂十六年戊戌科（1418）：南直隸籍進士共 39 名〔註13〕

序號	姓　名	甲　次	現籍地	籍
1	劉江	一甲	應天府江寧縣	-
2	董璘	二甲	直隸揚州府高郵州	-
3	楊琪	二甲	直隸松江府上海縣	-
4	陳詢	二甲	直隸松江府華亭縣	-
5	袁芳	二甲	直隸蘇州府常熟縣	-
6	王憲	二甲	直隸和州含山縣	-
7	馮敬	二甲	直隸松江府華亭縣	-
8	陸坤	二甲	直隸鎮江府丹徒縣	.
9	張政	二甲	直隸廣德州	-
10	徐智	二甲	直隸池州府青陽縣	-
11	張銘	三甲	應天府句容縣	-

〔註13〕史料依據為《登科考》《貢舉考》《碑錄》。

12	嚴珪	三甲	直隸蘇州府吳縣	-
13	沈讓	三甲	直隸松江府華亭縣	-
14	胡永興	三甲	直隸徽州府祁門縣	-
15	盧璟	三甲	直隸廬州府廬江縣	-
16	撒祥	三甲	直隸揚州府高郵州	-
17	莫珪	三甲	直隸蘇州府吳縣	-
18	車義	三甲	直隸鳳陽府臨淮縣	-
19	姚華	三甲	直隸蘇州府吳縣	-
20	莊約	三甲	應天府上元縣	-
21	徐榮	三甲	應天府上元縣	-
22	叚莓	三甲	直隸鳳陽府懷遠縣	-
23	周禮	三甲	應天府句容縣	-
24	謝涇	三甲	直隸揚州府江都縣	-
25	韓著	三甲	直隸松江府上海縣	-
26	周鏵	三甲	直隸蘇州府長洲縣	-
27	吳安	三甲	直隸池州府青陽縣	-
28	金濂	三甲	直隸淮安府山陽縣	-
29	孔友諒	三甲	直隸蘇州府長洲縣	-
30	許英	三甲	應天府溧水縣	-
31	陳彝	三甲	直隸揚州府高郵州	-
32	許鵬	三甲	直隸揚州府如皋縣	-
33	謝志道	三甲	直隸徽州府休寧縣	-
34	盛詳	三甲	直隸鎮江府丹徒縣	-
35	楊瑛	三甲	應天府溧陽縣	-
36	曹洪	三甲	直隸蘇州府吳縣	-
37	吳德	三甲	直隸蘇州府吳縣	-
38	王珪	三甲	直隸徽州府黟縣	-
39	沈善	三甲	直隸蘇州府長洲縣	-

永樂十九年辛丑科（1421）：南直隸籍進士共 23 名〔註14〕

序號	姓　名	甲　次	現籍地	籍
1	陸徵	二甲	直隸松江府華亭縣	-

〔註14〕史料依據為《登科考》《貢舉考》《碑錄》。

2	繆讓	二甲	直隸蘇州府長洲縣	-
3	陸通	二甲	直隸寧國府宣城縣	-
4	王憲	二甲	直隸廬州府合肥縣	-
5	王璉	二甲	直隸鎮江府丹陽縣	-
6	陳璿	二甲	直隸鳳陽府定遠縣	-
7	任祖壽	三甲	應天府上元縣	-
8	羅銓	三甲	直隸淮安府山陽縣	-
9	陸呂	三甲	直隸常州府江陰縣	-
10	范達	三甲	直隸蘇州府吳縣	-
11	錢敏	三甲	直隸廬州府舒城縣	-
12	高昭	三甲	直隸揚州府寶應縣	-
13	劉從善	三甲	直隸池州府東流縣	-
14	方義	三甲	直隸安慶府懷寧縣	-
15	李輅	三甲	應天府江寧縣	-
16	劉伯大	三甲	直隸寧國府涇縣	-
17	嚴士安	三甲	直隸松江府華亭縣	-
18	鄭泰	三甲	直隸廬州府舒城縣	-
19	郭智	三甲	直隸太平府蕪湖縣	-
20	高敏	三甲	直隸松江府上海縣	-
21	朱忠	三甲	直隸松江府上海縣	-
22	邵明	三甲	直隸蘇州府吳縣	-
23	陳融	三甲	直隸蘇州府長洲縣	-

永樂二十二年甲辰科（1424）：南直隸籍進士共 26 名〔註15〕

序號	姓　名	甲　次	現籍地	籍
1	邢寬	一甲	直隸廬州府無為州	-
2	殷時	二甲	直隸鎮江府丹徒縣	-
3	董敬	二甲	直隸常州府武進縣	-
4	張佑	二甲	直隸和州含山縣	-
5	顧讓	二甲	直隸蘇州府崑山縣	-
6	夏瑜	三甲	直隸蘇州府吳縣	-
7	李源	三甲	直隸松江府華亭縣	-

〔註15〕史料依據為《貢舉考》《碑錄》。

8	張祺	三甲	應天府江寧縣	-
9	尹弼	三甲	應天府上元縣	-
10	黃壽	三甲	直隸鳳陽府五河縣	-
11	金皓	三甲	直隸盧州府盧江縣	-
12	王琳	三甲	應天府溧陽縣	-
13	顧巽	三甲	直隸蘇州府長洲縣	-
14	吳名	三甲	應天府江寧縣	-
15	陳資	三甲	直隸松江府上海縣	-
16	達旺	三甲	應天府江寧縣	-
17	丁亨	三甲	直隸寧國府宣城縣	-
18	俞本	三甲	直隸松江府華亭縣	-
19	許震	三甲	直隸蘇州府吳縣	-
20	徐晉	三甲	應天府句容縣	-
21	張經	三甲	直隸蘇州府崑山縣	-
22	魚侃	三甲	直隸蘇州府常熟縣	-
23	葛陵	三甲	直隸盧州府盧江縣	-
24	丁寧	三甲	直隸鳳陽府五河縣	-
25	胡玉	三甲	應天府上元縣	-
26	邵旻	三甲	直隸揚州府通州	-

宣德二年丁未科（1427）：南直隸籍進士共9名〔註16〕

序號	姓　名	甲　次	現籍地	籍
1	李貴	二甲	直隸鳳陽府定遠縣	-
2	周益友	二甲	直隸安慶府望江縣	-
3	吳惠	三甲	直隸蘇州府吳縣	-
4	虞禎	三甲	直隸蘇州府吳縣	-
5	蔣性中	三甲	直隸松江府上海縣	-
6	桑宏	三甲	直隸盧州府舒城縣	-
7	吳鎰	三甲	直隸盧州府合肥縣	-
8	葉蓁	三甲	直隸徽州府歙縣	-
9	劉遜	三甲	直隸鳳陽府盱眙縣	-

〔註16〕史料依據為《登科考》《貢舉考》《碑錄》。

宣德五年庚戌科（1430）：南直隸籍進士共 12 名〔註17〕

序號	姓　名	甲次	現籍地	籍
1	楊寧	二甲	直隸徽州府歙縣	民
2	程憲	二甲	直隸徽州府婺源縣	民
3	盧瑛	二甲	直隸蘇州府崑山縣	民
4	羅寧	二甲	直隸淮安府安東縣	軍
5	王復	二甲	直隸蘇州府崑山縣	民
6	吳寧	三甲	直隸徽州府歙縣	民
7	柳華	三甲	直隸蘇州府吳縣	民
8	湯鼎	三甲	直隸廬州府無為州	民
9	沈翼	三甲	直隸淮安府山陽縣	軍
10	趙忠	三甲	直隸蘇州府長洲縣	匠
11	張枱	三甲	直隸蘇州府長洲縣	民
12	王通	三甲	直隸淮安府山陽縣	民

宣德八年癸丑科（1433）：南直隸籍進士共 9 名〔註18〕

序號	姓　名	甲次	現籍地	籍
1	馬諒	二甲	直隸滁州全椒	軍
2	范琮	二甲	直隸蘇州府吳江縣	民
3	沈譴	二甲	直隸蘇州府常熟縣	民
4	程序	二甲	直隸蘇州府常熟縣	民
5	梅森	三甲	直隸應天府上元縣	民
6	吳昇	三甲	直隸安慶府懷寧縣	民
7	汪敬	三甲	直隸嚴州府婺源縣	民
8	陳璞	三甲	直隸蘇州府嘉定縣	民
9	唐世良	三甲	直隸常州府武進縣	民

〔註17〕史料依據為《宣德五年進士登科錄》；關於楊寧現籍地的論證，詳見本文第一
　　　　章第一節。
〔註18〕史料依據為《宣德八年進士登科錄》。

正統元年丙辰科（1436）：南直隸籍進士共 15 名〔註19〕

序號	姓　名	甲　次	現籍地	籍
1	陶元素	二甲	應天府上元縣	民
2	龔理	二甲	直隸蘇州府崑山縣	民
3	伊侃	二甲	直隸蘇州府吳縣	民
4	韋觀	二甲	直隸常州府武進縣	軍
5	黃輿	三甲	直隸常州府武進縣	民
6	謝佑	三甲	直隸安慶府桐城縣	軍
7	李春	三甲	直隸廬州府無為州	民
8	陳翌	三甲	直隸鳳陽府虹縣	民
9	顧確	三甲	直隸蘇州府長洲縣	民
10	康汝芳	三甲	直隸徽州府祁門縣	民
11	史潛	三甲	直隸鎮江府金壇縣	民
12	方貴文	三甲	直隸徽州府歙縣	民
13	程思溫	三甲	直隸徽州府婺源縣	民
14	楊鏞	三甲	直隸鳳陽府懷遠縣	民
15	周觀	三甲	直隸蘇州府長洲縣	民

正統四年己未科（1439）：南直隸籍進士共 16 名〔註20〕

序號	姓　名	甲　次	現籍地	籍
1	施槃	一甲	直隸蘇州府吳縣	民
2	倪謙	一甲	應天府上元縣	匠
3	張和	二甲	直隸蘇州府崑山縣	民
4	錢溥	二甲	直隸松江府華亭縣	民
5	祝顥	二甲	直隸蘇州府長洲縣	民
6	夏遂	二甲	直隸蘇州府崑山縣	民
7	張瓛	二甲	直隸蘇州府吳縣	民
8	張穆	二甲	直隸蘇州府崑山縣	民
9	周賢	二甲	直隸蘇州府長洲縣	民
10	楊璿	二甲	直隸常州府無錫縣	軍
11	莫震	三甲	直隸蘇州府吳江縣	軍

〔註19〕史料依據為《正統元年進士登科錄》。
〔註20〕史料依據為《正統四年進士登科錄》。

12	呂困	三甲	直隸蘇州府常熟縣	匠
13	王訥	三甲	直隸常州府無錫縣	民
14	成始終	三甲	直隸常州府無錫縣	民
15	牛吉	三甲	直隸徐州	民
16	王璟	三甲	直隸淮安府海州	軍

正統七年壬戌科（1442）：南直隸籍進士共 13 名〔註21〕

序號	姓　名	甲　次	現籍地	籍
1	胡瑁	二甲	直隸廬州府舒城縣	民
2	胡淵	二甲	直隸隸廬州府廬江縣	民
3	楊鏞	三甲	直隸常州府武進縣	民
4	張瑄	三甲	直隸應天府江浦縣	民
5	朱驥	三甲	直隸蘇州府常熟縣	民
6	徐正	三甲	直隸蘇州府吳江縣	民
7	馬頊	三甲	直隸淮安府山陽縣	民
8	陳浩	三甲	直隸隸松江府華亭縣	民
9	黃宗	三甲	直隸松江府華亭縣	民
10	魏貞	三甲	直隸鳳陽府懷遠縣	民
11	黃鑒	三甲	直隸蘇州衛	軍
12	楊愈	三甲	直隸太平府當塗縣	民
13	沈訥	三甲	直隸蘇州府崑山縣	醫

正統十年乙丑科（1445）：南直隸籍進士共 29 名〔註22〕

序號	姓　名	甲　次	現籍地	籍
1	章綸	二甲	直隸隸安慶府桐城縣	軍
2	錢博	二甲	直隸隸松江府華亭縣	官
3	全智	二甲	直隸隸松江府上海縣	民
4	方杲	二甲	直隸廬州府合肥縣	民
5	宋栗	二甲	直隸隸松江府華亭縣	灶
6	陳璉	二甲	直隸隸蘇州府崑山縣	軍
7	葉盛	二甲	直隸隸蘇州府崑山縣	民

〔註21〕史料依據為《正統七年進士登科錄》。
〔註22〕史料依據為《正統十年進士登科錄》。

8	盛俊	二甲	直隸松江府華亭縣	民
9	項瑬	二甲	直隸蘇州府崑山縣	民
10	浦清	二甲	直隸松江府上海縣	民
11	錢昕	二甲	直隸蘇州府常熟縣	民
12	羅紳	二甲	直隸廬州府無為州	民
13	劉會	二甲	直隸廬州府六安州英山縣	民
14	徐瑄	二甲	直隸蘇州府嘉定縣	軍
15	卞榮	二甲	直隸常州府江陰縣	民
16	劉昌	二甲	直隸蘇州府吳縣	軍
17	許仕達	二甲	直隸徽州府歙縣	民
18	金愷	二甲	直隸常州府武進縣	軍
19	許簇	三甲	直隸常州府無錫縣	民
20	李友聞	三甲	直隸徽州府祁門縣	軍
21	張紳	三甲	直隸應天府句容縣	民
22	胡深	三甲	直隸徽州府祁門縣	民
23	唐維	三甲	直隸蘇州府吳縣	民
24	陳璃	三甲	直隸松江府華亭縣	軍
25	史敏	三甲	直隸淮安衛	軍
26	張讓	三甲	直隸太平府當塗縣	民
27	馬垸	三甲	直隸鎮江府丹陽縣	民
28	戴珤	三甲	直隸和州含山縣	軍
29	潘暄	三甲	直隸蘇州府嘉定縣	民

正統十三年戊辰科（1448）：南直隸籍進士共 35 名〔註23〕

序號	姓　名	甲　次	現籍地	籍
1	毛玉	二甲	直隸常州府武進縣	官
2	陳錡	二甲	直隸蘇州府崑山縣	軍
3	夏寅	二甲	直隸松江府華亭縣	民
4	梅倫	二甲	直隸蘇州府吳江縣	軍
5	錢澍	二甲	直隸鎮江府金壇縣	民

〔註23〕史料依據為《正統十三年進士登科錄》。

6	王汝霖	二甲	直隸蘇州府崑山縣	官
7	楊宣	二甲	直隸徽州府歙縣	民
8	倪敬	二甲	直常州府無錫縣	民
9	吳禮	二甲	直隸常州府武進縣	民
10	沈琮	二甲	南京旗手衛	官
11	汪回顯	二甲	直隸徽州府祁門縣	軍
12	謝環	二甲	海州千戶所	軍
13	陸阜	二甲	直隸蘇州府吳縣	民
14	程昊	二甲	直徽州府婺源縣	民
15	陳蘭	二甲	直常州府江陰縣	軍
16	蔣敷	三甲	應天府江寧縣	醫
17	朱永寧	三甲	直隸徽州府歙縣	軍
18	劉清	三甲	直隸滁州	軍
19	謝騫	三甲	直隸太平府當塗縣	民
20	沈瓛	三甲	直隸松江府華亭縣	民
21	吳淳	三甲	直隸蘇州府常熟縣	官
22	韓敏	三甲	直淮安府山陽縣	民
23	李讚	三甲	直淮安府山陽縣	民
24	張鋆	三甲	直隸松江府華亭縣	民
25	鄭文康	三甲	直蘇州府崑山縣	民
26	江真	三甲	直隸徽州府歙縣	民
27	盛綸	三甲	直隸松江府華亭縣	民
28	沈祥	三甲	直隸蘇州府崑山縣	民
29	王璽	三甲	直隸和州	民
30	任孜	三甲	直隸蘇州府長洲縣	民
31	朱瑄	三甲	直隸松江府華亭縣	軍
32	孫瓊	三甲	直隸蘇州府崑山縣	民
33	王豪	三甲	直隸鎮江府金壇縣	匠
34	瞿泰安	三甲	直隸蘇州府崑山縣	民
35	楊恕	三甲	直松江府華亭縣	民

景泰二年辛未科（1451）：南直隸籍進士共 36 名[註24]

序號	姓　名	甲　次	現籍地	籍
1	王㒜	一甲	直隸常州府武進縣	官
2	周輿	二甲	直隸松江府華亭縣	軍
3	王祐	二甲	直隸松江府華亭縣	軍
4	陳傑	二甲	直隸常州府武進縣	官
5	袁凱	二甲	直隸松江府華亭縣	軍
6	吳璘	二甲	應天府上元縣	匠
7	孫仁	二甲	直隸池州府貴池縣	軍
8	盛杲	二甲	直隸蘇州府吳江縣	軍
9	唐瑜	二甲	直隸松江府上海縣	民
10	朱華	二甲	應天府上元縣	匠
11	陳僎	二甲	直隸蘇州府吳縣	官
12	章格	二甲	直隸蘇州府常熟縣	官
13	顧珣	二甲	直隸蘇州府吳縣	民
14	陸杲	二甲	直隸蘇州府常熟縣	民
15	童軒	二甲	南京欽天監	民
16	李毓	二甲	直隸蘇州府常熟縣	軍
17	周欽	三甲	南京水軍右衛	軍
18	吳琛	三甲	直隸太平府繁昌縣	民
19	高禮	三甲	直隸松江府華亭縣	官
20	程宗	三甲	直隸蘇州府常熟縣	民
21	盛顒	三甲	直隸常州府無錫縣	民
22	劉觀	三甲	直隸常州府武進縣	民
23	葉鸞	三甲	直隸廬州府舒城縣	軍
24	靳敏	三甲	直隸鳳陽府泗州盱眙縣	軍
25	龔謙	三甲	直隸揚州府高郵州	民
26	繆樸	三甲	直隸蘇州府常熟縣	軍
27	王惟善	三甲	南京鷹揚衛	軍
28	潘鏞	三甲	應天府上元縣	民
29	章表	三甲	直隸蘇州府常熟縣	官

〔註24〕史料依據為《景泰二年進士登科錄》；關於童軒現籍地的論證，詳見本文第一
　　　章第一節。

30	姚旭	三甲	直隸安慶府桐城縣	民
31	王儀	三甲	直隸蘇州府常熟縣	民
32	莊歆	三甲	直隸徽州府歙縣	民
33	曹景	三甲	應天府句容縣	民
34	周清	三甲	南京江陰衛	軍
35	張彝	三甲	直隸廬州府無為州巢縣	軍
36	鄭時	三甲	直隸廬州府舒城縣	民

景泰五年甲戌科（1454）：南直隸籍進士共 59 名 〔註25〕

序號	姓 名	甲 次	現籍地	籍
1	徐溥	一甲	直隸常州府宜興縣	官
2	徐鎋	二甲	直隸常州府武進縣	官
3	李清	二甲	直隸松江府上海縣	軍
4	高宗本	二甲	直隸鎮海衛	軍
5	史瑾	二甲	直隸淮安府山陽縣	民
6	杜宥	二甲	直隸常州府江陰縣	民
7	張畹	二甲	直隸松江府華亭縣	民
8	張祚	二甲	直隸松江府華亭縣	民
9	浦鏞	二甲	應天府上元縣	民
10	朱倫	二甲	直隸松江府華亭縣	官
11	蔣紱	二甲	直隸蘇州府常熟縣	軍
12	陳璧	二甲	直隸蘇州府常熟縣	民
13	楊集	二甲	直隸蘇州府常熟縣	民
14	吳節	二甲	直隸淮安府山陽縣	民
15	郁文博	二甲	直隸松江府上海縣	民
16	趙昌	二甲	直隸寧國府涇縣	軍
17	葉萱	二甲	直隸松江府華亭縣	民
18	鄭珪	二甲	直隸松江府華亭縣	民
19	鄭瑛	二甲	應天府六合縣	軍
20	趙博	二甲	直隸蘇州府崑山縣	匠
21	汪霖	二甲	直隸廬州府六安州	民

〔註25〕史料依據為《景泰五年進士登科錄》；關於高宗本、周清、胡寬現籍地的論證，詳見本文第一章第一節。

22	龍晉	二甲	南京水軍右衛	軍
23	顏正	二甲	直隸松江府華亭縣	匠
24	劉永通	二甲	直隸太平府當塗縣	匠
25	鍾珹	二甲	直隸太平府當塗縣	軍
26	潘傑	三甲	應天府上元縣	匠
27	徐毅	三甲	應天府上元縣	匠
28	寧珍	三甲	直隸鎮江府丹徒縣	醫
29	夏璣	三甲	直隸蘇州府崑山縣	軍
30	蔣昂	三甲	直隸蘇州府長洲縣	民
31	孔鏞	三甲	直隸蘇州府長洲縣	儒
32	孫璙	三甲	直隸常州府無錫縣	軍
33	黃讓	三甲	直隸太平府蕪湖縣	民
34	羅淮	三甲	應天府江寧縣	富戶
35	王績	三甲	直隸松江府華亭縣	醫
36	章律	三甲	直隸蘇州府常熟縣	官
37	王魯	三甲	應天溧水縣	民
38	吳瑞	三甲	直隸淮安府山陽縣	民
39	蔣敵	三甲	應天府江寧縣	醫
40	楊壁	三甲	直隸太平府當塗縣	軍
41	王珪	三甲	直隸松江守禦中千戶所	軍
42	趙敆	三甲	直隸常州府武進縣	民
43	曹泰	三甲	直隸松江府華亭縣	軍
44	陳孟晟	三甲	直隸池州府銅陵縣	醫
45	楊琛	三甲	直隸常州府無錫縣	軍
46	張僖	三甲	直隸鳳陽府靈璧縣	民
47	王璘	三甲	南京犧牲所	軍
48	吳玘	三甲	直隸松江府華亭縣	民
49	程泰	三甲	直隸徽州府祁門縣	軍
50	杜庠	三甲	直隸蘇州府長洲縣	民
51	金紳	三甲	應天府上元縣	官
52	程永	三甲	直隸徽州府婺源縣	民
53	葉洪	三甲	直隸淮安衛	軍
54	徐宗	三甲	直隸揚州府通州	民

55	張述古	三甲	直隸常州府宜興縣	軍
56	方暕	三甲	直隸徽州府歙縣	民
57	沈黻	三甲	直隸松江府華亭縣	民
58	沈譓	三甲	直隸廬州府合肥縣	軍
59	胡寬	三甲	南京天策衛	軍

天順元年丁丑科（1457）：南直隸籍進士共 40 名〔註26〕

序號	姓　　名	甲　次	現籍地	籍
1	宋瑛	二甲	直隸松江府華亭縣	灶
2	劉瀚	二甲	直隸蘇州府長洲縣	官
3	柳瑛	二甲	直隸鳳陽府臨淮縣	軍
4	石澄	二甲	直隸滁州衛	軍
5	范純	二甲	直隸蘇州府嘉定縣	民
6	黃憲	二甲	直隸安慶府桐城縣	民
7	鄭鼎	二甲	直隸常州府武進縣	軍
8	葉華	二甲	直隸安慶府懷寧縣	軍
9	宋訥	二甲	直隸松江府華亭縣	民
10	朱貞	二甲	南京旗手衛	軍
11	唐珣	二甲	直隸松江府華亭縣	匠
12	張矗	二甲	直隸蘇州府長洲縣	軍
13	夏志明	二甲	直隸太平府當塗縣	民
14	胡信	二甲	直隸鎮江府丹徒縣	官
15	鄒和	二甲	應天府上元縣	民
16	端宏	二甲	直隸太平府當塗縣	民
17	孔宗顯	二甲	直隸常州府武進縣	民
18	楊完	二甲	直隸鳳陽府定遠縣	民
19	白昂	三甲	直隸常州府武進縣	民
20	談倫	三甲	直隸松江府上海縣	灶
21	黃金	三甲	直隸安慶府桐城縣	民
22	李澄	三甲	直隸松江府上海縣	軍
23	劉必賢	三甲	直隸滁州	民
24	吉惠	三甲	直隸鎮江府丹徒縣	民

〔註26〕史料依據為《天順元年進士登科錄》。

25	莊澈	三甲	應天府江寧縣	官
26	朱檼	三甲	直隸徽州府婺源縣	儒
27	秦民悅	三甲	直隸廬州府舒城縣	軍
28	湯琛	三甲	直隸蘇州府常熟縣	軍
29	李祥	三甲	直隸松江府華亭縣	醫
30	吳忱	三甲	直隸松江府華亭縣	民
31	凌文	三甲	應天府上元縣	匠
32	顧以山	三甲	直隸蘇州府常熟縣	民
33	吳淵	三甲	直隸常州府武進縣	民
34	盧雍	三甲	應天府江寧縣	民
35	吳真	三甲	直隸徽州府歙縣	民
36	程廣	三甲	直隸徽州府婺源縣	民
37	沈珤	三甲	直隸淮安府山陽縣	官
38	嚴萱	三甲	直隸常州府江陰縣	民
39	方佑	三甲	直隸安慶府桐城縣	軍
40	畢玉	三甲	直隸大河衛	軍

天順四年庚辰科（1460）：南直隸籍進士共 27 名〔註27〕

序號	姓　名	甲　次	現籍地	籍
1	王徽	二甲	南京錦衣衛	軍
2	朱賢	二甲	直隸廬州府六安州	軍
3	張鼎	二甲	直隸揚州府江都縣	民
4	沈暉	二甲	直隸常州府宜興縣	民
5	徐傅	二甲	直隸蘇州府長洲縣	軍
6	吳宣	二甲	直隸鎮江府丹徒縣	匠
7	潘積	二甲	直隸廬州府六安州	軍
8	江豫	二甲	直隸太平府當塗縣	民
9	王震	二甲	直隸揚州府高郵州	軍
10	沉鐘	二甲	應天府上元縣	匠
11	王誼	二甲	直隸常州府江陰縣	民
12	張盛	二甲	直隸常州府宜興縣	民
13	黃琛	二甲	直隸滁州全椒縣	軍

〔註27〕史料依據為《天順四年進士登科錄》。

14	張悅	三甲	直隸松江府華亭縣	軍
15	郭經	三甲	直隸蘇州府崑山縣	民
16	李宗羨	三甲	直隸常州府武進縣	官
17	陳輝	三甲	直隸鳳陽府宿州靈壁縣	民
18	謝潤	三甲	直隸徽州府祁門縣	民
19	饒欽	三甲	直隸徽州府祁門縣	民
20	談經	三甲	直隸常州府無錫縣	官
21	秦夔	三甲	直隸常州府無錫縣	民
22	張溥	三甲	直隸揚州府江都縣	民
23	盛侒	三甲	直隸蘇州府吳江縣	軍
24	金愉	三甲	直隸常州府武進縣	官
25	劉釗	三甲	直隸太平府當塗縣	軍
26	王霽	三甲	直隸松江府上海縣	民
27	郭升	三甲	河南潁川衛	軍

天順八年甲申科（1464）：南直隸籍進士共 23 名〔註28〕

序號	姓　名	甲　次	現籍地	籍
1	吳釴	一甲	直隸蘇州府崑山縣	軍
2	孫蕃	二甲	直隸揚州府江都縣	軍
3	周源	二甲	應天府上元縣	民
4	左燁	二甲	直隸寧國府涇縣	民
5	陳讓	二甲	直隸大河衛	軍
6	戴春	二甲	直隸松江府上海縣	官
7	周瑄	二甲	直隸蘇州府吳縣	民
8	張謹	二甲	直隸鳳陽府定遠縣	民
9	葉琦	二甲	直隸徽州府祁門縣	民
10	沈瑄	三甲	直隸蘇州府常熟縣	民
11	汪杲	三甲	直隸徽州府休寧縣	軍
12	張泰	三甲	直隸太倉衛	軍
13	董綸	三甲	直隸松江府上海縣	民
14	陳道	三甲	直隸鳳陽府盱眙縣	軍
15	陳賓	三甲	直隸常州府無錫縣	民

〔註28〕史料依據為《天順八年進士登科錄》。

16	周觀	三甲	直隸蘇州府長洲縣	民
17	黃澄	三甲	直隸鳳陽府鳳陽縣	民
18	何恂	三甲	直隸安慶府桐城縣	民
19	汪進	三甲	直隸徽州府婺源縣	民
20	夏時	三甲	直隸太倉衛	軍
21	葉贊	三甲	直隸淮安府山陽縣	軍
22	馬愈	三甲	直隸蘇州府嘉定縣	官
23	朱萱	三甲	直隸蘇州府崑山縣	民

成化二年丙戌科（1466）：南直隸籍進士共 56 名〔註29〕

序號	姓　名	甲　次	現籍地	籍
1	陸簡	一甲	直隸常州府武進縣	軍
2	顏瑄	二甲	直隸常州府江陰縣	民
3	張巘	二甲	直隸徽州府婺源縣	軍
4	石渠	二甲	直隸淮安府清河縣	民
5	張弼	二甲	直隸松江府華亭縣	民
6	張文	二甲	直隸揚州府泰州	民
7	畢宗賢	二甲	直隸常州府武進縣	匠
8	李傑	二甲	直隸蘇州府常熟縣	軍
9	錢山	二甲	直隸滁州	軍
10	徐容	二甲	直隸蘇州府崑山縣	民
11	楊理	二甲	直隸淮安府山陽縣	民
12	柳琰	二甲	直隸揚州府儀真縣	民
13	俞俊	二甲	直隸揚州衛	官
14	徐完	二甲	應天府江寧縣	官
15	薛為學	二甲	直隸常州府武進縣	民
16	張誥	二甲	直隸松江府華亭縣	民
17	陳蕙	二甲	直隸常州府江陰縣	軍
18	丘俊	二甲	直隸揚州府江都縣	軍
19	孔犖	二甲	直隸廬州府舒城縣	民
20	馬岱	二甲	直隸揚州府江都縣	軍
21	胡敬	三甲	直隸徽州府歙縣	民

〔註29〕史料依據為《成化二年進士登科錄》。

22	柳淳	三甲	直隸松江府華亭縣	軍
23	徐恪	三甲	直隸蘇州府常熟縣	民
24	芮幾	三甲	直隸常州府宜興縣	民
25	莊昶	三甲	應天府江浦縣	軍
26	江弘濟	三甲	直隸安慶府桐城縣	官
27	陸潤	三甲	直隸蘇州府常熟縣	民
28	唐寬	三甲	應天府上元縣	匠
29	李紀	三甲	直隸揚州府江都縣	民
30	王浩	三甲	應天府上元縣	軍
31	曹鼐	三甲	直隸松江府華亭縣	民
32	程宏	三甲	直隸徽州府祁門縣	民
33	胡琮	三甲	直隸蘇州府長洲縣	匠
34	王昶	三甲	直隸鳳陽府宿州靈壁縣	民
35	徐博	三甲	直隸蘇州府嘉定縣	匠
36	呂讚	二甲	直隸安慶府太湖縣	軍
37	沈海	三甲	直隸蘇州府常熟縣	民
38	陳策	三甲	直隸蘇州府吳縣	官
39	吳繡	三甲	直隸松江府華亭縣	醫
40	胡熙	三甲	直隸常州府武進縣	民
41	石淮	三甲	應天府江浦縣	軍
42	吳璋	三甲	直隸滁州全椒縣	軍
43	林符	三甲	直隸蘇州府吳縣	民
44	李廷章	三甲	直隸池州府石埭縣	民
45	乙瑄	三甲	直隸淮安府海州	民
46	王達	三甲	直隸寧國府涇縣	民
47	張瓛	三甲	直隸揚州府泰州	灶
48	華秉彝	三甲	直隸常州府江陰縣	官
49	汪直	三甲	直隸徽州府祁門縣	軍
50	莫誙	三甲	直隸松江府上海縣	民
51	汪奎	三甲	直隸徽州府婺源縣	軍
52	羅鵬	三甲	直隸淮安府邳州宿遷縣	民
53	戴仁	三甲	應天府句容縣	民
54	金澤	三甲	應天府江寧縣	民
55	蔣誼	三甲	南京太醫院	官
56	陶永淳	三甲	直隸松江府華亭縣	軍

成化五年己丑科（1469）：南直隸籍進士共 45 名〔註30〕

序號	姓　名	甲　次	現籍地	籍
1	丁溥	一甲	直隸松江府華亭縣	民
2	費闇	二甲	直隸鎮江府丹徒縣	民
3	張習	二甲	直隸蘇州府吳縣	民
4	李秉袞	二甲	應天府江寧縣	官
5	白玢	二甲	直隸常州府武進縣	民
6	王纓	二甲	直隸常州府宜興縣	民
7	王瑞	二甲	直隸安慶府望江縣	醫
8	徐旱	二甲	直隸蘇州府嘉定縣	軍
9	李蕙	二甲	直隸太平府當塗縣	民
10	喬維翰	二甲	直隸松江府上海縣	灶
11	鄧存德	二甲	南京欽天監	南京欽天監
12	冀琦	二甲	直隸揚州府高郵州寶應縣	民
13	侯方	二甲	直隸松江府華亭縣	民
14	趙祥	二甲	直隸鎮江府丹徒縣	軍
15	陸奎	二甲	直隸蘇州府嘉定縣	民
16	王鼎	二甲	直隸蘇州府常熟縣	軍
17	謝恭	二甲	直隸徽州府休寧縣	民
18	沈璐	二甲	直隸松江府上海縣	灶
19	邵珪	二甲	直隸常州府宜興縣	軍
20	奚昌	二甲	直隸蘇州府吳縣	軍
21	瞿俊	三甲	直隸蘇州府常熟縣	匠
22	楊惇	三甲	直隸廬州府六安州	民
23	李璜	三甲	直隸安慶府懷寧縣	民
24	汪正	三甲	直隸徽州府歙縣	民
25	沈純	三甲	直隸淮安府山陽縣	官
26	宋驥	三甲	直隸廬州府舒城縣	民
27	張和	三甲	直隸淮安府山陽縣	民
28	張銳	三甲	直隸揚州府江都縣	民
29	李昊	三甲	應天府上元縣	民
30	高銓	三甲	直隸揚州府江都縣	軍

〔註30〕史料依據為《成化五年進士登科錄》。

31	黃著	三甲	直隸蘇州府吳江縣	民
32	談綱	三甲	直隸常州府無錫縣	官
33	曹時中	三甲	直隸松江府華亭縣	軍
34	李良	三甲	直隸蘇州府嘉定縣	匠
35	黃文琰	三甲	直隸徽州府祁門縣	民
36	俞祿	二甲	應天府六合縣	民
37	奚昊	三甲	直隸松江府華亭縣	民
38	丁鏞	三甲	應天府上元縣	匠
39	姚倫	三甲	直隸常州府武進縣	民
40	邵暉	三甲	直隸常州府宜興縣	民
41	張衍	三甲	直隸松江府華亭縣	民
42	顧竑	三甲	直隸蘇州府吳縣	民
43	吳傑	三甲	直隸揚州府江都縣	民
44	顧佐	三甲	直隸鳳陽府臨淮縣	民
45	李濬	三甲	直隸常州府武進縣	民

成化八年壬辰科（1472）：南直隸籍進士共 41 名〔註31〕

序號	姓　名	甲　次	現籍地	籍
1	吳寬	一甲	直隸蘇州府長洲縣	匠
2	邵賢	二甲	直隸常州府宜興縣	民
3	卞諲	二甲	直隸常州府武進縣	軍
4	謝理	二甲	直隸太平府當塗縣	民
5	蕭奎	二甲	直隸蘇州府常熟縣	民
6	金源	二甲	應天府上元縣	民
7	蔣容	二甲	直隸常州府武進縣	軍
8	任彥常	二甲	南京江陰衛	軍
9	湯全	二甲	直隸松江府華亭縣	民
10	顧餘慶	二甲	直隸蘇州府長洲縣	民
11	李震	二甲	直隸常州府宜興縣	民
12	達毅	二甲	直隸鎮江府丹徒縣	民
13	瞿明	二甲	直隸蘇州府常熟縣	匠
14	沈鎧	二甲	應天府上元縣	官

〔註31〕史料依據為《成化八年進士登科錄》。

15	張昞	二甲	直隸常州府江陰縣	民
16	吳文度	二甲	應天府江寧縣	民
17	黃謙	二甲	應天府江寧縣	匠
18	高敝	二甲	直隸蘇州府崑山縣	民
19	江漢	二甲	直隸寧國府旌德縣	民
20	濮晉	二甲	直隸常州府武進縣	軍
21	白坦	三甲	直隸常州府武進縣	官
22	汪山	三甲	直隸徽州府歙縣	民
23	吳憲	三甲	直隸徽州府歙縣	民
24	賀元忠	三甲	直隸蘇州府吳縣	民
25	張佶	三甲	直隸徐州	民
26	褚祚	三甲	直隸蘇州府常熟縣	民
27	吳凱	三甲	直隸廬州府合肥縣	民
28	顧純	三甲	直隸松江府華亭縣	民
29	張稷	三甲	直隸揚州府高郵州寶應縣	民
30	沈環	三甲	直隸淮安府宿遷縣	民
31	吳泰	三甲	應天府江浦縣	民
32	文林	三甲	直隸蘇州府長洲縣	官
33	朱福	三甲	南京光祿寺	廚
34	吳郁	三甲	直隸徽州府休寧縣	民
35	姜昂	三甲	直隸蘇州府崑山縣	民
36	董彝	二甲	直隸蘇州府常熟縣	民
37	王經	三甲	直隸蘇州府長洲縣	民
38	洪漢	三甲	直隸徽州府歙縣	民
39	沈鎣	三甲	直隸蘇州府嘉定縣	民
40	吳琳	三甲	直隸蘇州府長洲縣	民
41	董綱	三甲	直隸寧國府涇縣	軍

成化十一年乙未科（1475）：南直隸籍進士共 50 名〔註32〕

序號	姓　　名	甲　次	現籍地	籍
1	王鏊	一甲	直隸蘇州府吳縣	民
2	卜同	二甲	直隸常州府宜興縣	官

〔註32〕史料依據為《成化十一年進士登科錄》。

3	金楷	二甲	直隸蘇州府嘉定縣	軍
4	王沂	二甲	直隸常州府武進縣	軍
5	華山	二甲	直隸常州府無錫縣	民
6	仰昇	二甲	直隸廬州府無為州	民
7	陳謨	二甲	直隸池州府建德縣	民
8	陳相	二甲	直隸揚州府泰州	軍
9	孫裕	二甲	直隸蘇州府崑山縣	官
10	吳洪	二甲	直隸蘇州府吳江縣	匠
11	李雲	二甲	直隸常州府宜興縣	民
12	袁宏	二甲	直隸安慶府桐城縣	軍
13	俞經	二甲	南京留守左衛	軍
14	尹珍	二甲	直隸大河衛	軍
15	徐源	二甲	直隸蘇州府長洲縣	民
16	劉杲	二甲	直隸蘇州府長洲縣	民
17	吳瑞	二甲	直隸蘇州府崑山縣	民
18	秦瓛	二甲	直隸蘇州府崑山縣	匠
19	吳愈	二甲	直隸蘇州府崑山縣	民
20	姚昺	二甲	南京錦衣衛	軍
21	冒政	二甲	直隸揚州府泰州	軍
22	陸怡	二甲	直隸常州府武進縣	軍
23	潘洪	二甲	直隸淮安府邳州宿遷縣	民
24	王皐	三甲	直隸松江府華亭縣	民
25	曹瀾	三甲	應天府句容縣	民
26	余順	三甲	直隸安慶衛	軍
27	周儀	三甲	直隸蘇州府嘉定縣	民
28	唐韶	三甲	直隸蘇州府常熟縣	民
29	周木	三甲	直隸蘇州府常熟縣	民
30	施裕	三甲	直隸太倉衛	軍
31	錢承德	三甲	直隸蘇州府常熟縣	民
32	顏涇	三甲	直隸蘇州府吳縣	民
33	方陟	三甲	直隸廬州府合肥縣	民
34	李琨	三甲	直隸常州府江陰縣	軍
35	湯蕭	三甲	應天府句容縣	民
36	劉傳	二甲	直隸蘇州府嘉定縣	醫

37	唐相	三甲	直隸徽州府歙縣	軍
38	張谷	三甲	直隸松江府上海縣	軍
39	鄒魯	三甲	直隸太平府當塗縣	民
40	秦蕃	三甲	直隸蘇州府常熟縣	民
41	繆樗	三甲	應天府溧陽縣	軍
42	陳鈂	三甲	應天府溧陽縣	軍
43	劉愷	三甲	直隸滁州	軍
44	吳淑	三甲	直隸常州府宜興縣	官
45	王僑	三甲	直隸蘇州府崑山縣	軍
46	柯忠	三甲	直隸安慶府懷寧縣	民
47	張毵	三甲	直隸揚州府高郵州寶應縣	民
48	趙溥	三甲	直隸常州府武進縣	民
49	李參	三甲	直隸常州府江陰縣	匠
50	張超	三甲	中都鳳陽衛	軍

成化十四年戊戌科（1478）：南直隸籍進士共 53 名〔註33〕

序號	姓　名	甲　次	現籍地	籍
1	王楫	二甲	直隸鳳陽府虹縣	民
2	王欽	二甲	直隸應天府上元縣	匠
3	陳璠	二甲	直隸蘇州府長洲縣	民
4	孫衍	二甲	直隸松江府華亭縣	民
5	張綱	二甲	直隸滁州來安縣	軍
6	伊乘	二甲	應天府上元縣	匠
7	王珣	二甲	直隸徽州府祁門縣	民
8	沈元	二甲	直隸蘇州府長洲縣	匠
9	陳粟	二甲	直隸松江府上海縣	灶
10	陳章	二甲	直隸松江府華亭縣	民
11	虞臣	二甲	直隸蘇州府崑山縣	民
12	吳裕	二甲	直隸徽州府休寧縣	民
13	袁清	二甲	直隸邳州衛	軍
14	繆昌	二甲	直隸常州府無錫縣	民
15	宗鈂	二甲	直隸常州府宜興縣	民

〔註33〕史料依據為《成化十四年進士登科錄》。

16	許璘	三甲	直隸松江府華亭縣	匠
17	葛萱	三甲	直隸高郵州	民
18	丁璣	三甲	直隸鎮江府丹徒縣	民
19	吳湜	三甲	直隸徽州府歙縣	民
20	汪舜民	三甲	直隸徽州府婺源	民
21	孫珩	三甲	直隸徐州	民
22	姜洪	三甲	直隸廣德州	民
23	過鶴	三甲	直隸常州府無錫縣	軍
24	馮瑢	三甲	直隸徽州府績溪縣	民
25	王倬	三甲	直隸蘇州府崑山縣	軍
26	顧達	三甲	直隸大河衛	軍
27	胡富	三甲	直隸徽州府績溪縣	民
28	許潛	三甲	直隸池州府貴池縣	民
29	王屏	三甲	直隸松江府華亭縣	軍
30	蔣廷貴	三甲	直隸蘇州府長洲縣	軍
31	劉縷	三甲	直隸蘇州衛軍籍	軍
32	曹玉	三甲	應天府江寧縣	民
33	周洪	三甲	直隸松州府上海縣	匠
34	陳亮	三甲	直隸廣德州	民
35	管琪	三甲	直隸蘇州府崑山縣	民
36	龔弘	二甲	直隸蘇州府嘉定縣	民
37	倪進賢	三甲	直隸徽州府婺源縣	民
38	汪宗禮	三甲	直隸太平府繁昌縣	軍
39	周魯	三甲	直隸常州府武進縣	軍
40	王進	三甲	應天府上元縣匠籍	匠
41	韋斌	三甲	直隸大河衛	軍
42	史效	三甲	直隸淮安府山陽縣	軍
43	夏祚	三甲	直隸太平府當塗縣	軍
44	鄭達	三甲	直隸徽州府歙縣	民
45	黃肅	三甲	應天府六合縣	民
46	汪貴	三甲	直隸徽州府歙縣	民
47	徐說	三甲	直隸寧國府宣城縣	民
48	方進	三甲	直隸徽州府歙縣	民
49	汪瀅	三甲	直隸徽州府績溪縣	軍

50	魏璽	三甲	直隸淮安府山陽縣	民
51	陳紋	三甲	應天府上元縣	匠
52	洪遠	三甲	直隸徽州府歙縣	民
53	張鑒	三甲	南京府軍衛	軍

成化十七年辛丑科（1481）：南直隸籍進士共 46 名〔註34〕

序號	姓　名	甲　次	現籍地	籍
1	胡玉	二甲	直隸揚州衛泰州守禦千戶所	軍
2	胡璟	二甲	應天府江寧縣	民
3	陳秉彝	二甲	直隸淮安府沭陽縣	民
4	趙寬	二甲	直隸蘇州府吳江縣	民
5	薛英	二甲	直隸蘇州府長洲縣	民
6	沈林	二甲	直隸蘇州府長洲縣	軍
7	陳效	二甲	直隸寧國府南陵縣	民
8	談詔	二甲	直隸松江府上海縣	軍
9	顧雄	二甲	直隸揚州府通州	民
10	陳周	二甲	直隸常州府無錫縣	民
11	孫霖	二甲	直隸蘇州府長洲縣	軍
12	湯冕	二甲	直隸松江府華亭縣	民
13	孫昷	二甲	直隸鎮江府金壇縣	民
14	方向	二甲	直隸安慶府桐城縣	軍
15	顧源	二甲	直隸蘇州府長洲縣	民
16	吳彥華	二甲	南京留守後衛	軍
17	沈庠	二甲	應天府上元縣	匠
18	王敞	二甲	南京錦衣衛	軍
19	侯直	二甲	直隸松江府華亭縣	民
20	芮稷	二甲	直隸常州府宜興縣	民
21	倪黻	三甲	直隸松江府華亭縣	匠
22	謝瑩	三甲	直隸徽州府祁門縣	民
23	馮玘	三甲	中都懷遠衛	軍
24	王恩	三甲	直隸松江府華亭縣	醫
25	吳鳳鳴	三甲	直隸松江府華亭縣	民

〔註34〕史料依據為《成化十七年進士登科錄》。

26	薛承學	三甲	直隸常州府武進縣	民
27	張弘宜	三甲	直隸松江府華亭縣	民
28	呂卣	三甲	直隸常州府無錫縣	匠
29	楊綸	三甲	直隸鎮江府丹陽縣	匠
30	陳延	三甲	直隸鳳陽府定遠縣	軍
31	葉預	三甲	直隸蘇州府常熟縣	民
32	黃華	三甲	直隸徽州府歙縣	民
33	梅純	三甲	南京京衛	軍
34	張寧	三甲	直隸廬州府無為州	民
35	朱杙	三甲	直隸蘇州府崑山縣	民
36	熊宗德	二甲	南京錦衣衛	軍
37	賈宗錫	三甲	直隸蘇州府常熟縣	匠
38	儲材	三甲	直隸常州府宜興縣	民
39	張敏	三甲	直隸徽州府祁門縣	民
40	葛鏞	三甲	直隸蘇州府嘉定縣	民
41	葉孿	三甲	直隸蘇州府常熟縣	民
42	王岳	三甲	直隸鳳陽府蘇州靈璧縣	民
43	高雲	三甲	直隸淮安府山陽縣	民
44	張縉	三甲	直隸松江府華亭縣	民
45	汪堅	三甲	直隸徽州府婺源縣	民
46	聞釗	三甲	直隸蘇州府常熟縣	民

成化二十年甲辰科（1484）：南直隸籍進士共 53 名 〔註35〕

序號	姓　名	甲　次	現籍地	籍
1	儲罐	二甲	直隸揚州府泰州	民
2	沈傑	二甲	直隸蘇州府長洲縣	民
3	朱文	二甲	直隸蘇州府崑山縣	民
4	楊循吉	二甲	直隸蘇州府吳縣	民
5	貢欽	二甲	直隸寧國府宣城縣	民
6	邵寶	二甲	直隸常州府無錫縣	民
7	王益謙	二甲	直隸淮安府安東縣	軍
8	盛洪	二甲	直隸蘇州府崑山縣	民

〔註35〕 史料依據為《登科考》《貢舉考》《碑錄》。

9	吳瀚	二甲	直隸徽州府歙縣	民
10	馬瓛	二甲	南京錦衣衛	軍
11	黃金	二甲	直隸鳳陽府定遠縣	民
12	李贊	二甲	直隸太平府蕪湖縣	民
13	李貢	二甲	直隸太平府蕪湖縣	民
14	丘鎬	二甲	直隸蘇州府長洲縣	民
15	陳昌	二甲	直隸常州府無錫縣	民
16	郁容	二甲	直隸蘇州府常熟縣	民
17	鮑楠	二甲	直隸徽州府歙縣	民
18	陳大章	二甲	直隸鳳陽府盱眙縣	軍
19	吳山	二甲	直隸揚州府高郵州	軍
20	陳愷	二甲	直隸蘇州府崑山縣	匠
21	莫聰	二甲	直隸常州府無錫縣	匠
22	傅謐	二甲	直隸蘇州府崇明縣	民
23	黃瓚	二甲	直隸揚州府儀真縣	民
24	汪宗器	三甲	直隸太平府繁昌縣	軍
25	俞雄	三甲	南京留守前衛	軍
26	胡孝	三甲	直隸常州府宜興縣	民
27	朱恩	三甲	直隸松江府華亭縣	軍
28	程玠	三甲	直隸徽州府歙縣	軍
29	吳學	三甲	直隸常州府無錫縣	民
30	倪綱	三甲	應天府句容縣	民
31	曹昺	三甲	直隸蘇州府吳縣	民
32	徐傑	三甲	直隸太平府繁昌縣	民
33	朱希古	三甲	直隸蘇州府常熟縣	民
34	潘玨	三甲	直隸徽州府婺源縣	民
35	華烈	三甲	直隸常州府無錫縣	民
36	姚壽	三甲	直隸廬州府舒城縣	匠
37	何義	三甲	直隸常州府江陰縣	民
38	張愷	三甲	直隸常州府無錫縣	軍
39	孫怡	三甲	直隸徽州府祁門縣	民
40	曹祥	三甲	直隸徽州府歙縣	民
41	方榮	三甲	直隸徽州府歙縣	匠
42	華玨	三甲	直隸常州府無錫縣	民

43	孫冕	三甲	直隸鎮江府金壇縣	民
44	黃廣	三甲	直隸鳳陽府潁上縣	民
45	胡光	三甲	直隸徽州府績溪縣	民
46	莊溥	三甲	應天府江寧縣	官
47	白圻	三甲	直隸常州府武進縣	官
48	陳言	三甲	應天府上元縣	民
49	蔡坤	三甲	直隸蘇州府常熟縣	民
50	陸里	三甲	直隸常州府宜興縣	民
51	李宗佑	三甲	直隸蘇州府嘉定縣	民
52	潘絡	三甲	南京欽天監	欽天監
53	危容	三甲	直隸安慶府懷寧縣	官

成化二十三年丁未科（1487）：南直隸籍進士共 61 名〔註36〕

序號	姓　名	甲　次	現籍地	籍
1	陳欽	二甲	南京欽天監	南京欽天監
2	楊瑛	二甲	直隸蘇州府嘉定縣	民
3	陳鎬	二甲	南京欽天監	南京欽天監
4	葉紳	二甲	直隸蘇州府吳江縣	民
5	程昊	二甲	直隸徽州府祁門縣	軍
6	孫孺	二甲	直隸鳳陽府鳳陽縣	民
7	倪阜	二甲	應天府上元縣	官
8	董傑	二甲	直隸寧國府涇縣	軍
9	吳儼	二甲	直隸常州府宜興縣	民
10	邵棠	二甲	直隸揚州府通州	軍
11	汪璿	二甲	直隸徽州府歙縣	民
12	楊錦	二甲	直隸蘇州府嘉定縣	民
13	陶纘	二甲	直隸蘇州府崑山縣	民
14	毛珵	二甲	直隸蘇州府吳縣	民
15	吳鏊	二甲	直隸蘇州府吳江縣	民
16	史學	二甲	應天府溧陽縣	官
17	陸完	二甲	直隸蘇州府長洲縣	民
18	戴恩	二甲	直隸安慶州潛山縣	醫

〔註36〕 史料依據為《成化二十三年進士登科錄》。

19	仲柴	二甲	直隸揚州府高郵州寶應縣	醫
20	韓鼎	三甲	直隸松江府華亭縣	軍
21	袁翱	三甲	直隸松江府華亭縣	軍
22	彭敷	三甲	直隸松江府華亭縣	民
23	魯昂	三甲	應天府江寧縣	匠
24	周亮采	三甲	直隸蘇州府吳縣	民
25	張淳	三甲	直隸廬州府合肥縣	民
26	戴初	三甲	直隸廣德州建平縣	民
27	文森	三甲	直隸蘇州府長洲縣	民
28	童寬	三甲	直隸寧國府涇縣	軍
29	張黼	三甲	直隸松江府上海縣	民
30	李葵	三甲	河南潁川衛	軍
31	唐禎	三甲	直隸松江府華亭縣	灶
32	方天然	三甲	直隸揚州衛	官
33	王珍	三甲	直隸和州	民
34	杜啟	三甲	直隸蘇州府吳縣	民
35	丁榮	三甲	直隸安慶府懷寧縣	民匠
36	胡承	三甲	直隸鎮海衛	官
37	俞世德	三甲	直隸常州府無錫縣	軍
38	紀鏞	三甲	直隸鳳陽府潁州太和縣	民
39	胡崋	三甲	直隸常州府武進縣	民
40	趙容	三甲	直隸和州	軍
41	蘇奎	三甲	直隸蘇州府常熟縣	民
42	陸昆	三甲	直隸蘇州府崑山縣	民
43	吳必顯	三甲	直隸池州府石埭縣	民
44	王秩	三甲	直隸蘇州府崑山縣	民
45	張瑋	三甲	直隸蘇州衛	官
46	朱玨	三甲	直隸常州府無錫縣	民
47	曹忠	三甲	直隸常州府江陰縣	民
48	蔣浤	三甲	應天府上元縣	官
49	沈時	三甲	直隸蘇州府崑山縣	民
50	王珀	三甲	直隸常州府武進縣	民
51	唐弼	三甲	直隸徽州府歙縣	軍
52	姜溥	三甲	直隸廣德州	民

53	馮浩	三甲	應天府江浦縣	民
54	華津	三甲	直隸常州府無錫縣	民
55	胡昂	三甲	直隸池州府貴池縣	民
56	王琚	三甲	直隸安慶府望江縣	醫
57	沈淮	三甲	直隸寧國府涇縣	民
58	李性明	三甲	直隸徐州蕭縣	軍
59	錢灝	三甲	南京留守後衛	官
60	汪侃	三甲	直隸徽州府歙縣	民
61	屈霖	三甲	直隸常州府江陰縣	民

弘治三年庚戌科（1490）：南直隸籍進士共 43 名〔註37〕

序號	姓　名	甲　次	現籍地	籍
1	錢福	二甲	直隸松江府華亭縣	匠
2	靳貴	二甲	直隸鎮江府丹徒縣	民
3	徐紘	二甲	直隸常州府武進縣	軍
4	唐貴	二甲	直隸常州府武進縣	民
5	張天爵	二甲	直隸松江府華亭縣	民
6	王瑩	二甲	直隸淮安府山陽縣	民
7	丁佩	二甲	直隸六安衛	軍
8	黃暐	二甲	直隸蘇州衛	軍
9	張安甫	二甲	直隸蘇州府崑山縣	民
10	張約	二甲	直隸蘇州府長洲縣	軍
11	胡拱	二甲	南京府軍左衛	官
12	馮夔	二甲	直隸常州府無錫縣	儒
13	朱稷	二甲	直隸蘇州府常熟縣	民
14	張琮	二甲	應天府江寧縣	官
15	沙立	二甲	直隸徐州	軍
16	周炯	二甲	直隸蘇州府常熟縣	民
17	周佩	二甲	直隸松江府華亭縣	軍
18	羅柔	二甲	直隸常州府無錫縣	民
19	趙履祥	三甲	直隸寧國府涇縣	民
20	石祿	三甲	直隸滁州	軍

〔註37〕史料依據為《弘治三年進士登科錄》。

21	陸坦	三甲	直隸蘇州府吳縣	匠
22	汪淵	三甲	直隸徽州府歙縣	民
23	馬繼祖	三甲	直隸揚州府泰州如皋縣	民
24	楊文	三甲	直隸常州府無錫縣	民
25	楊鉞	三甲	應天句容縣	民
26	叚敏	三甲	直隸鎮江府金壇縣	醫
27	趙欽	三甲	應天句容縣	民
28	徐瑤	三甲	應天府江寧縣	民
29	孫墉	三甲	直隸鳳陽府定遠縣	民
30	王倂	三甲	直隸蘇州府吳縣	民
31	茹欒	三甲	直隸常州府無錫縣	民
32	張鋼	三甲	直隸蘇州衛	衛
33	周冤	三甲	直隸池州府貴池縣	民
34	王哲	三甲	直隸蘇州府吳江縣	軍
35	盧翊	三甲	直隸蘇州府常熟縣	匠
36	陸徵	三甲	應天府溧陽縣	軍
37	左然	三甲	直隸寧國府涇縣	民
38	何勝	三甲	直隸徽州府歙縣	民
39	許慶	三甲	直隸常州府武進縣	民
40	張輝	三甲	直隸池州府石埭縣	民
41	張金	三甲	直隸廣德州	民
42	劉溥	三甲	直隸安慶府懷寧縣	軍
43	陸廣	三甲	直隸常州府無錫縣	民

弘治六年癸丑科（1493）：南直隸籍進士共 48 名〔註38〕

序號	姓　名	甲　次	現籍地	籍
1	毛澄	一甲	直隸蘇州府崑山縣	匠
2	顧清	二甲	直隸松江府華亭縣	民
3	宋愷	二甲	直隸松江府華亭縣	民
4	趙松	二甲	直隸松江府上海縣	民
5	沈燾	二甲	直隸蘇州府長洲縣	民
6	錢啟宏	二甲	直隸松江府華亭縣	官

〔註38〕史料依據為《弘治六年進士登科錄》。

7	吳一鵬	二甲	直隸蘇州府長洲縣	民
8	邢珣	二甲	直隸太平府當塗縣	軍
9	白金	二甲	直隸常州府武進縣	民
10	錢榮	二甲	直隸常州府無錫縣	軍
11	秦金	二甲	直隸常州府無錫縣	民
12	夏從壽	二甲	直隸常州府江陰縣	民
13	高濟	二甲	直隸揚州府江都縣	軍
14	楊昇	二甲	直隸蘇州府吳縣	民
15	曹鏌	二甲	直隸蘇州府吳江縣	民
16	杭濟	二甲	直隸常州府宜興縣	民
17	鄭允宣	二甲	應天府上元縣	民
18	范祺	二甲	應天府溧水縣	軍
19	冒鸞	二甲	直隸揚州府泰州如皋縣	軍
20	陳策	二甲	直隸常州府無錫縣	民
21	陶廷威	二甲	直隸常州府江陰縣	民
22	王大用	二甲	直隸松江府上海縣	民
23	黃明	二甲	直隸松江府華亭縣	民
24	夏易	二甲	直隸揚州府江都縣	軍
25	徐蕃	二甲	直隸揚州府泰州	軍
26	王恂	二甲	直隸常州府無錫縣	軍
27	褚圻	二甲	直隸蘇州府常熟縣	民
28	夏璲	三甲	直隸揚州府高郵州	軍
29	胡爟	三甲	直隸太平府蕪湖縣	民
30	盧瀚	三甲	直隸揚州府江都縣	民
31	武皋	三甲	直隸和州	民
32	程忠顯	三甲	直隸徽州府歙縣	民
33	蔚春	三甲	直隸廬州府合肥縣	醫
34	盛應期	三甲	直隸蘇州府吳江縣	軍
35	王弘	三甲	南京廣洋衛	衛
36	馮經	三甲	直隸鎮江府金壇縣	軍
37	李儀	三甲	應天府上元縣	民
38	周昶	三甲	直隸松江府華亭縣	軍
39	薛格	三甲	直隸常州府江陰縣	民
40	王德	三甲	直隸常州府無錫縣	民

41	顧守元	三甲	直隸蘇州府常熟縣	民
42	馬慶	三甲	直隸蘇州府崑山縣	匠
43	李希顏	三甲	直隸松江府華亭縣	軍
44	李岳	三甲	直隸鳳陽府五河縣	民
45	李濬	三甲	直隸鳳陽府鳳陽縣	軍
46	程杲	三甲	直隸徽州府祁門縣	軍
47	吳煥	三甲	直隸淮安府山陽縣	民
48	鄒韶	三甲	直隸蘇州府常熟縣	軍

弘治九年丙辰科（1496）：南直隸籍進士共 72 名〔註39〕

序號	姓　名	甲　次	現籍地	籍
1	朱希周	一甲	直隸蘇州府崑山縣	民
2	顧潛	二甲	直隸蘇州府崑山縣	民
3	史後	二甲	應天府溧陽縣	民
4	左唐	二甲	直隸揚州府江都縣	民
5	陸冒	二甲	直隸蘇州府吳縣	軍
6	胡獻	二甲	直隸揚州衛興化千戶所	軍
7	皇甫錄	二甲	直隸蘇州府長洲縣	民
8	董忱	二甲	直隸松江府上海縣	民
9	周臣	二甲	直隸揚州衛通州千戶所	軍
10	趙鶴	二甲	直隸揚州府江都縣	民
11	陳言	二甲	直隸蘇州府長洲縣	軍
12	嚴經	二甲	直隸蘇州府吳縣	民
13	吳大有	二甲	應天府上元縣	匠
14	李嘉祥	二甲	直隸池州府貴池縣	民
15	高節	二甲	應天府上元縣	民
16	汝泰	二甲	直隸蘇州府吳江縣	民
17	程琯	二甲	直隸徽州府歙縣	民
18	龍霓	二甲	南京牧馬千戶所	官
19	華昶	二甲	直隸常州府無錫縣	民
20	呂元夫	二甲	直隸常州府無錫縣	匠
21	董恬	二甲	直隸松江府上海縣	民

〔註39〕史料依據為《弘治九年進士登科錄》。

22	張邦瑞	二甲	直隸常州府宜興縣	軍
23	陳霽	二甲	直隸蘇州府吳縣	民
24	戴敏	二甲	直隸徽州府婺源縣	民
25	黃昭	二甲	直隸常州府江陰縣	民
26	陳言	二甲	直隸蘇州府常熟縣	匠
27	王壽	二甲	直隸徽州府婺源縣	民
28	戴達	二甲	直隸鳳陽府宿州靈壁縣	民
29	徐聯	三甲	中都長淮衛	官
30	葉天爵	三甲	直隸徽州府婺源縣	民
31	湯沐	三甲	直隸常州府江陰縣	民
32	汪循	三甲	直隸徽州府休寧縣	民
33	楊溢	三甲	直隸常州府武進縣	民
34	張鳴鳳	三甲	直隸松江府上海縣	民
35	弓元	三甲	應天府江浦縣	民
36	沈信	三甲	直隸蘇州府崑山縣	民
37	張弘至	三甲	直隸松江府華亭縣	民
38	張羽	三甲	直隸揚州府泰興縣	軍
39	吳宗周	三甲	直隸寧國府宣城縣	儒
40	湯禮敬	三甲	直隸鎮江府丹陽縣	軍
41	李熙	三甲	應天府上元縣	民
42	吳景	三甲	直隸寧國府南陵縣	民
43	林正茂	三甲	直隸揚州衛泰州千戶所	軍
44	錢朝鳳	三甲	直隸廬州府廬江縣	軍
45	貢安甫	三甲	直隸常州府江陰縣	民
46	潘鏜	三甲	直隸廬州府六安州	軍
47	戴銑	三甲	直隸徽州府婺源縣	軍
48	蔣欽	三甲	直隸蘇州府常熟縣	軍
49	程材	三甲	直隸徽州府歙縣	民
50	趙經	三甲	直隸松江府華亭縣	民
51	吳遠	三甲	直隸徽州府歙縣	民
52	沈恩	三甲	直隸松江府上海縣	灶
53	羅鳳	三甲	南京水軍右衛	軍
54	楊瑋	三甲	直隸松江府華亭縣	匠
55	曹閔	三甲	直隸松江府上海縣	民

56	楊溥	三甲	南京留守後衛	軍
57	左輔	三甲	直隸寧國府涇縣	民
58	唐錦	三甲	直隸松江府上海縣	民
59	唐欽	三甲	直隸常州府武進縣	官
60	徐昂	三甲	直隸揚州府泰興縣	民
61	顧璘	三甲	應天府上元縣	匠
62	郁勳	三甲	直隸蘇州府常熟縣	民
63	張拱	三甲	直隸揚州府高郵州寶應縣	民
64	劉麟	三甲	南京廣洋衛	軍
65	高賓	三甲	直隸常州府江陰縣	民
66	周璽	三甲	直隸廬州衛	軍
67	張昊	三甲	直隸鳳陽府泗州天長縣	民
68	金麒壽	三甲	應天府上元縣	官
69	莊襗	三甲	直隸常州府武進縣	民
70	儲秀	三甲	直隸常州府宜興縣	民
71	張芝	三甲	直隸徽州府歙縣	民
72	余洙	三甲	應天府溧陽縣	民

弘治十二年己未科（1499）：南直隸籍進士共 48 名〔註40〕

序號	姓　名	甲　次	現籍地	籍
1	汪標	一甲	直隸徽州府祁門縣	民
2	陸應龍	二甲	直隸蘇州府長洲縣	民
3	莫息	二甲	直隸常州府無錫縣	匠
4	周塤	二甲	直隸常州府武進縣	民
5	高貫	二甲	直隸常州府江陰縣	民
6	張宏	二甲	南京神策衛	軍
7	錢仁夫	二甲	直隸蘇州府常熟縣	民
8	陳良珊	二甲	直隸松江府華亭縣	民
9	周潨	二甲	直隸蘇州府常熟縣	民
10	於鄹	二甲	直隸太平府當塗縣	軍
11	吳山	二甲	直隸常州府武進縣	民
12	史鑑	二甲	直隸蘇州府長洲縣	民

〔註40〕史料依據為《弘治十二年進士登科錄》。

13	劉乾	二甲	直隸常州府靖江縣	民
14	杭淮	二甲	直隸常州府宜興縣	民
15	王泰	二甲	直隸松江府上海縣	民
16	黃俊	二甲	直隸常州府武進縣	民
17	楊清	二甲	直隸淮安府清河縣	民
18	林鶚	二甲	直隸常州府江陰縣	軍
19	朱應登	二甲	直隸揚州府高郵州寶應縣	軍
20	王蓋	二甲	直隸寧國府宣城縣	民
21	都穆	二甲	直隸蘇州府吳縣	民
22	丁仁	三甲	直隸蘇州府常熟縣	民
23	徐南	三甲	直隸松江府上海縣	民
24	周倫	三甲	直隸蘇州府崑山縣	軍
25	沙鵬	三甲	直隸揚州府江都縣	民
26	吳漳	三甲	直隸徽州府歙縣	民
27	周鉞	三甲	直隸鳳陽府宿州	軍
28	黃瑄	三甲	直隸蘇州府太倉州	民
29	葛嵩	三甲	直隸常州府無錫縣	民
30	儲珊	三甲	直隸鳳陽府潁州	民
31	許立	三甲	直隸蘇州府崑山縣	民
32	賀泰	三甲	直隸蘇州府吳縣	民
33	凌相	三甲	直隸揚州府通州	軍
34	曹豹	三甲	直隸松江府華亭縣	民
35	史良佐	三甲	南京太醫院	醫
36	梁材	三甲	南京金吾右衛	軍
37	吳堂	三甲	直隸蘇州府常熟縣	民
38	鄭瓛	三甲	南京驍騎右衛	軍
39	呂盛	三甲	直隸廣德州建平縣	民
40	芮思	三甲	直隸常州府宜興縣	民
41	吳蘭	三甲	直隸蘇州府崑山縣	民
42	丁楷	三甲	直隸安慶府懷寧縣	匠
43	楊塤	三甲	直隸常州府武進縣	民
44	方謙	三甲	直隸徽州府祁門縣	軍
45	唐澤	三甲	直隸徽州府歙縣	軍
46	章瑞	三甲	直隸徽州府績溪縣	民

| 47 | 宗璽 | 三甲 | 直隸廣德州建平縣 | 軍 |
| 48 | 杭東 | 三甲 | 直隸蘇州府崑山縣 | 軍 |

弘治十五年壬戌科（1502）：南直隸籍進士共 45 名 〔註41〕

序號	姓　名	甲　次	現籍地	籍
1	胡煜	二甲	直隸徽州府歙縣	民
2	薛金	二甲	直隸常州府江陰縣	民
3	儲南	二甲	直隸常州府宜興縣	民
4	王昶	二甲	直隸松江府華亭縣	軍
5	惲巍	二甲	直隸常州府武進縣	民
6	汪鋐	二甲	直隸徽州府婺源縣	民
7	盛鍾	二甲	直隸蘇州府崑山縣	軍
8	汪彬	二甲	直隸徽州府祁門縣	民
9	楊欽	二甲	直隸廬州府合肥縣	軍
10	楊果	二甲	直隸揚州府高郵州興化縣	灶
11	唐懽	二甲	直隸松江府上海縣	灶
12	丁沂	二甲	應天府溧水縣	軍
13	殷鏊	二甲	南京羽林左衛	軍
14	卞思敏	三甲	直隸常州府江陰縣	民
15	陳察	三甲	直隸蘇州府常熟縣	民
16	劉弼	三甲	南京錦衣衛	軍
17	虞夔	三甲	直隸鎮江府金壇縣	民
18	方進	三甲	直隸徽州府婺源縣	軍
19	徐問	三甲	直隸常州府武進縣	軍
20	王材	三甲	直隸安慶府望江縣	醫
21	梅珂	三甲	直隸太平府蕪湖縣	民
22	劉布	三甲	直隸蘇州府長洲縣	軍
23	錢如京	三甲	直隸安慶府桐城縣	民
24	朱絃	三甲	直隸常州府無錫縣	民
25	張萱	三甲	直隸松江府上海縣	民
26	潘珍	三甲	直隸徽州府婺源縣	民
27	嚴紞	三甲	應天府江浦縣	民

〔註41〕史料依據為《弘治十五年進士登科錄》。

28	黃宏	三甲	南京京衛	衛
29	藍郁	三甲	直隸淮安府鹽城縣	民
30	何棐	三甲	直隸揚州府泰興縣	民
31	凌雲翰	三甲	應天府上元縣	匠
32	朱嘉會	三甲	直隸揚州府高郵州寶應縣	民
33	李淳	三甲	直隸安慶府太湖縣	軍
34	吳閱	三甲	直隸揚州府泰興縣	民
35	俞泰	三甲	直隸常州府無錫縣	民
36	陸節	三甲	直隸常州府武進縣	軍
37	姚隆	三甲	南京留守後衛	軍
38	朱昂	三甲	直隸松江府華亭縣	民
39	葉相	三甲	直隸揚州府江都縣	民
40	蕭杲	三甲	直隸鎮江府丹徒縣	民
41	周用	三甲	直隸蘇州府吳江縣	民
42	金賢	三甲	應天府江寧縣	民
43	王奎	三甲	直隸常州府武進縣	民
44	郁侃	三甲	直隸松江府上海縣	民
45	沈炤	三甲	直隸蘇州府嘉定縣	民

弘治十八年乙丑科（1505）：南直隸籍進士共 53 名 [註42]

序號	姓　名	甲　次	現籍地	籍
1	顧鼎臣	一甲	直隸蘇州府崑山縣	民
2	胡璉	二甲	直隸淮安府沭陽縣	民
3	陸深	二甲	直隸松江府上海縣	民
4	魏校	二甲	直隸蘇州府崑山縣	民
5	邵天和	二甲	直隸常州府宜興縣	軍
6	李汛	二甲	直隸徽州府祁門縣	匠
7	張鷗	二甲	直隸松江府上海縣	民
8	張文麟	二甲	直隸蘇州府常熟縣	軍
9	張承仁	二甲	直隸揚州府泰州	灶
10	安金	二甲	直隸揚州府江都縣	軍
11	沈環	二甲	應天府上元縣	匠

12	姚繼岩	二甲	直隸揚州府通州	民
13	潘旦	二甲	直隸徽州府婺源縣	軍
14	王良翰	二甲	直隸蘇州府常熟縣	匠
15	曹琥	二甲	直隸廬州府無為州巢縣	軍
16	方學	二甲	直隸常州府無錫縣	軍
17	周墨	二甲	直隸蘇州府太倉州	民
18	盛儀	二甲	直隸揚州衛	軍
19	顧可學	二甲	直隸常州府無錫縣	民
20	楊颙	二甲	直隸蘇州府嘉定縣	民
21	徐禎卿	二甲	直隸蘇州府太倉州	軍
22	張簡	二甲	直隸常州府江陰縣	軍
23	周明弼	三甲	直隸蘇州府吳縣	民
24	江文敏	三甲	直隸寧國府旌德縣	民
25	王儼	三甲	直隸揚州府江都縣	軍
26	顧綸	三甲	直隸蘇州府嘉定縣	民
27	程文	三甲	直隸徽州府婺源縣	民
28	朱表	三甲	直隸蘇州府太倉州	民
29	夏曆	三甲	直隸揚州府高郵州	軍
30	許完	三甲	直隸鎮江府丹徒縣	民
31	王杭	三甲	直隸鎮江府金壇縣	軍
32	陶驥	三甲	直隸松江府華亭縣	軍
33	蕭世賢	三甲	直隸安慶府桐城縣	民
34	周廣	三甲	直隸蘇州府太倉州	民
35	王韋	三甲	南京錦衣衛	軍
36	顧棠	三甲	直隸蘇州府吳縣	民
37	陳九章	三甲	直隸蘇州府吳江縣	民
38	索承學	三甲	直隸淮安府邳州	軍
39	陳鉞	三甲	直隸鳳陽府鳳陽縣	軍
40	黃琮	三甲	應天府上元縣	匠
41	程定	三甲	直隸徽州府績溪縣	民
42	張狆	三甲	直隸揚州府泰興縣	軍
43	常道	三甲	直隸滁州來安縣	軍
44	李楫	三甲	直隸安慶府懷寧縣	民
45	張寬	三甲	直隸蘇州府太倉州	軍

46	陶金	三甲	直隸鳳陽府泗州天長縣	官
47	吳哲	三甲	直隸松江府華亭縣	民
48	潘選	三甲	直隸徽州府婺源縣	民
49	楊輔	三甲	直隸淮安府邳州	民
50	顧達	三甲	直隸蘇州府常熟縣	軍
51	曹倣	三甲	直隸鎮江衛	軍
52	章嵩	三甲	直隸寧國府涇縣	軍
53	高泫	三甲	直隸揚州府江都縣	軍

正德三年戊辰科（1508）：南直隸籍進士共 62 名〔註43〕

序號	姓　名	甲　次	現籍地	籍
1	景暘	一甲	應天府上元縣	民
2	方鵬	二甲	直隸蘇州府崑山縣	民
3	黃志達	二甲	應天府溧水縣	民
4	吳山	二甲	直隸蘇州府吳江縣	匠
5	陸巽章	二甲	直隸常州府武進縣	軍
6	鄭諫	二甲	應天府江寧縣	匠
7	周坤	二甲	直隸蘇州府太倉州	民
8	徐度	二甲	直隸常州府江陰縣	軍
9	葛恒	二甲	直隸常州府無錫縣	民
10	周金	二甲	南京府軍右衛	軍
11	於鏊	二甲	直隸滁州衛	旗
12	丁奉	二甲	直隸蘇州府常熟縣	民
13	王籠	二甲	直隸徽州府歙縣	民
14	胡忠	二甲	直隸常州府宜興縣	民
15	邵鏞	二甲	南京羽林右衛	軍
16	成周	二甲	直隸常州府無錫縣	民
17	祝鑾	二甲	直隸太平府當塗縣	民
18	姜龍	二甲	直隸蘇州府太倉州	民
19	凌楷	二甲	直隸揚州府通州	軍
20	胡德	二甲	直隸徽州府婺源縣	民
21	叚金	二甲	直隸常州府武進縣	軍

〔註43〕史料依據為《正德三年進士登科錄》。

22	周愚	二甲	直隸蘇州府崑山縣	民
23	曹深	二甲	直隸徽州府歙縣	民
24	張楠	三甲	直隸滁州來安縣	官
25	羅輅	三甲	應天府江寧縣	民
26	潘鵬	三甲	直隸安慶府懷寧縣	民
27	沈灼	三甲	直隸蘇州府嘉定縣	民
28	吳岩	三甲	直隸蘇州府吳江縣	匠
29	方鳳	三甲	直隸蘇州府崑山縣	民
30	程昌	三甲	直隸徽州府祁門縣	軍
31	吳瓚	三甲	直隸徽州府休寧縣	民
32	張紘	三甲	直隸松江府上海縣	民
33	唐鵬	三甲	直隸鎮江府丹徒縣	民
34	余珊	三甲	直隸安慶府桐城縣	民
35	胡大全	三甲	直隸徽州府歙縣	民
36	李穩	三甲	直隸徐州碭山縣	民
37	陸禮	三甲	直隸常州府無錫縣	民
38	曹鏵	三甲	應天府句容縣	民
39	李元	三甲	直隸淮安府山陽縣	民
40	丁致祥	三甲	直隸常州府武進縣	匠
41	蕭瑞	三甲	直隸寧國府涇縣	民
42	陸伸	三甲	直隸蘇州府太倉州	民
43	姜岐	三甲	直隸松江府華亭縣	民
44	蔣愷	三甲	直隸松江府華亭縣	民
45	張申甫	三甲	直隸蘇州府崑山縣	民
46	潘鑑	三甲	直隸徽州府婺源縣	軍
47	高瑁	三甲	直隸淮安府遂寧縣	民
48	王瑞之	三甲	直隸常州府江陰縣	民
49	陸范	三甲	直隸常州府武進縣	軍
50	彭辨之	三甲	直隸廬州府六安州霍山縣	民
51	蘇恩	三甲	直隸松江府華亭縣	民
52	潘塤	三甲	直隸淮安府山陽縣	軍
53	易蓁	三甲	南京錦衣衛	軍
54	尤樾	三甲	直隸蘇州府長洲縣	民
55	毛如乾	三甲	直隸常州府武進縣	民

56	申惠	三甲	直隸蘇州府吳江縣	民
57	楊谷	三甲	直隸淮安府山陽縣	民
58	顧可適	三甲	直隸常州府無錫縣	民
59	王芳	三甲	直隸鳳陽府五河縣	民
60	蔣達	三甲	南京留守後衛	軍
61	張永泰	三甲	直隸鳳陽府定遠縣	民
62	李覺	三甲	直隸常州府無錫縣	儒

正德六年辛未科（1511）：南直隸籍進士共 58 名〔註44〕

序號	姓　名	甲　次	現籍地	籍
1	李重	二甲	南京金吾後衛	軍
2	汪玄錫	二甲	直隸徽州府休寧縣民	民
3	柴奇	二甲	直隸蘇州府崑山縣	民
4	湯繼文	二甲	直隸蘇州府常熟縣	軍
5	陳應武	二甲	直隸揚州府高郵州	民
6	蔣洽	二甲	直隸常州府武進縣	民
7	毛憲	二甲	直隸常州府武進縣	民
8	柴太	二甲	直隸蘇州府崑山縣	民
9	戴吉	二甲	直隸徽州府婺源縣	民
10	戴恩	二甲	直隸松江府上海縣	民
11	陸俸	二甲	直隸蘇州府吳縣	匠
12	盧雍	二甲	直隸蘇州府吳縣	民
13	於湛	二甲	直隸鎮江府金壇縣	軍
14	祝續	二甲	直隸蘇州府長洲縣	官
15	王鑾	二甲	南京錦衣衛	衛
16	王介	二甲	南京留守前衛	軍
17	何壁	二甲	直隸太倉衛	軍
18	尹京	二甲	直隸大河衛	軍
19	孫承恩	二甲	直隸松江府華亭縣	民
20	徐之鸞	二甲	直隸安慶府桐城縣	軍
21	汪珊	二甲	直隸池州府貴池縣	民
22	李杲	二甲	直隸常州府宜興縣	民

〔註44〕史料依據為《正德六年進士登科錄》。

23	張士鎬	三甲	直隸徽州府歙縣	民
24	馬性魯	三甲	應天府溧陽縣	官
25	何鍼	三甲	應天府江寧縣	民
26	周震	三甲	直隸蘇州府崑山縣	民
27	楊璨	三甲	直隸松江府華亭縣	匠
28	王瑋	三甲	應天府江浦縣	民
29	朱寅	三甲	直隸蘇州府常熟縣	民
30	王以旂	三甲	應天府江寧縣	匠
31	鄒輗	三甲	直隸常州府武進縣	民
32	唐濂	三甲	直隸徽州府歙縣	軍
33	何棠	三甲	直隸揚州府泰興縣	民
34	孫方	三甲	直隸鎮江府丹陽縣	軍
35	沈霽	三甲	直隸松江府華亭縣	民
36	蔣亨	三甲	直隸常州府武進縣	醫
37	陶麟	三甲	直隸蘇州府吳縣	匠
38	鄭正義	三甲	直隸池州府建德縣	民
39	沈俊	三甲	直隸廬州衛	軍
40	韓鸞	三甲	直隸揚州府泰州	軍
41	陳寰	三甲	直隸蘇州府常熟縣	民
42	吳闓	三甲	直隸常州府武進縣	民
43	俞璋	三甲	直隸蘇州府太倉州	民
44	貢珊	三甲	直隸寧國府宣城縣	儒
45	余翺	三甲	直隸鳳陽府定遠縣	匠
46	龔大有	三甲	直隸常州府武進縣	軍
47	徐晉	三甲	直隸揚州府江都縣	軍
48	潘錡	三甲	直隸徽州府婺源縣	民
49	王紀	三甲	直隸揚州府泰州	軍
50	彭昉	三甲	直隸蘇州衛	軍
51	毛震	三甲	直隸蘇州府崑山縣	民
52	宋臣	三甲	直隸松江府華亭縣	軍
53	戴詳	三甲	直隸徽州府績溪縣	民
54	俞敦	三甲	直隸揚州衛	官
55	周戀文	三甲	直隸蘇州府崑山縣	民
56	蔣益	三甲	直隸常州府武進縣	軍

| 57 | 儲洵 | 三甲 | 直隸揚州府泰州 | 民 |
| 58 | 王遵 | 三甲 | 直隸寧國府宣城縣 | 民 |

正德九年甲戌科（1514）：南直隸籍進士共 50 名〔註45〕

序號	姓　名	甲　次	現籍地	籍
1	唐皋	一甲	南直隸徽州府歙縣民籍	民
2	蔡昂	一甲	直隸淮安衛軍籍	軍
3	孫存	二甲	南直滁州	官
4	葉天球	二甲	南直徽州府婺源縣	民
5	吳繼隆	二甲	南直隸徽州府歙縣	民
6	薛蕙	二甲	直隸武平衛	軍
7	王經	二甲	南直鎮海衛	軍
8	吳仕	二甲	南直常州府宜興縣	民
9	黃訓	二甲	南直隸蘇州府吳縣	民
10	聞東昌	二甲	南直蘇州府常熟縣	民
11	胡岳	二甲	南直松江府華亭縣	民
12	張萊	二甲	南直鎮江府丹徒縣	民
13	周鳳鳴	二甲	南直蘇州府崑山縣	軍
14	曹聰	二甲	南直鳳陽府霍邱縣	民
15	潘潤	二甲	南直廣德州建平縣	民
16	顧璋	二甲	應天府上元縣	匠
17	鄭佐	二甲	南直徽州府歙縣	民
18	浦毓	二甲	南直蘇州府常熟縣	軍
19	喻義	二甲	南直常州府無錫縣	軍
20	蔣山卿	二甲	南直揚州府儀真縣	民
21	茅貢	二甲	南直蘇州府太倉州	民
22	萬雲鵬	二甲	南直淮安府鹽城縣	民
23	張瓚	二甲	南直揚州府泰興縣	軍
24	顧天佑	二甲	南直常州府武進縣	民
25	陸卿	二甲	南直常州府無錫縣	民
26	張汝欽	二甲	南直常州府無錫縣	民
27	李崧祥	二甲	南直池州府貴池縣	民

〔註45〕史料依據為《登科考》《貢舉考》《碑錄》。

28	王問	三甲	南直蘇州府吳江縣	民
29	陸翱	三甲	南直松江府華亭縣	民
30	楊秉義	三甲	南直松江府華亭縣	匠
31	周鵷	三甲	南直松江府華亭縣	灶
32	唐恩	三甲	南直蘇州府嘉定縣	軍
33	呂律	三甲	南直常州府武進縣	民
34	蔣同仁	三甲	南直常州府武進縣	軍
35	胡松	三甲	南直徽州府績溪縣	民
36	周在	三甲	南直蘇州府太倉州	民
37	方鐸	三甲	南直廬州府合肥縣	民
38	吉棠	三甲	南直鎮江府丹徒縣	軍
39	孫悅	三甲	南直鎮江府金壇縣	民
40	邊崎	三甲	南直常州府無錫縣	軍
41	唐符	三甲	南直蘇州府太倉州	民
42	顧可久	三甲	直隸常州府無錫縣	民
43	錢憲	三甲	南直隸常州府無錫縣	民
44	吳稷	三甲	南直松江府華亭縣	民
45	李儒	三甲	南直松江府華亭縣	民
46	吳鸞	三甲	南直蘇州府太倉州	匠
47	喻智	三甲	南直太平府當塗縣	民
48	何遵	三甲	應天府江寧縣	民
49	童楷	三甲	應天府上元縣	民
50	陳輔	二甲	直隸儀真衛	軍

正德十二年丁丑科（1517）：南直隸籍進士共 55 名〔註46〕

序號	姓　　名	甲　次	現籍地	籍
1	崔桐	一甲	直隸揚州府通州海門縣	軍
2	王舜漁	二甲	直隸蘇州府常熟縣	匠
3	王臬	二甲	直隸鎮江府金壇縣	民
4	曹懷	二甲	直隸常州府無錫縣	民
5	陸金	二甲	直隸蘇州府吳江縣	軍
6	儲昱	二甲	直隸松江府上海縣	民

〔註46〕史料依據為《正德十二年進士登科錄》。

7	華湘	二甲	直隸揚州府泰州	民
8	葉觀	二甲	直隸揚州府江都縣	民
9	汪思	二甲	直隸徽州府婺源縣	民
10	陳沂	二甲	南京太醫院	醫
11	楊淮	二甲	直隸常州府無錫縣	民
12	高瀹	二甲	直隸揚州府江都縣	匠
13	胡宗明	二甲	直隸徽州府績溪縣	民
14	梅鷁	二甲	直隸寧國府旌德縣	民
15	孔蔭	二甲	南京應天衛	旗
16	陳鈇	二甲	直隸池州府貴池縣	民
17	李紹賢	三甲	直隸泗州衛	軍
18	顧濟	三甲	直隸蘇州府太倉州	民
19	王世祿	三甲	直隸廣德州	軍
20	朱豹	三甲	直隸松江府上海縣	軍
21	曹鎡	三甲	直隸常州府武進縣	軍
22	楊翶	三甲	應天府江寧縣民籍	民
23	夏宗仁	三甲	直隸廣德州建平縣	民
24	胡效才	三甲	直隸淮安府沐陽縣	民
25	王暐	三甲	應天府句容縣	民
26	汪溱	三甲	直隸徽州府祁門縣	民
27	伍余福	三甲	直隸蘇州府吳縣	民
28	柯相	三甲	直隸池州府貴池縣	軍
29	王昆	三甲	直隸鳳陽府宿州靈璧縣	民
30	朱洸	三甲	直隸蘇州府太倉州	民
31	吳仲	三甲	直隸常州府武進縣	民
32	蔣琪	三甲	應天府溧陽縣	軍
33	孫峻	三甲	直隸揚州府高郵州	軍
34	潘銳	三甲	直隸廬州府六安州	軍
35	馬津	三甲	直隸徐州	民
36	朱鼎	三甲	直隸松江府華亭縣	民
37	田秀	三甲	直隸鳳陽府壽州霍丘縣	民
38	程資	三甲	直隸徽州府婺源縣	民
39	張淮	三甲	直隸太倉衛	衛官
40	丁瓚	三甲	直隸鎮江府丹徒縣	民

41	王莘	三甲	直隸常州府江陰縣	民
42	王舜耕	三甲	直隸蘇州府常熟縣	匠
43	顧昺	三甲	直隸蘇州府吳江縣	軍
44	倪鵾	三甲	直隸寧國府涇縣	民
45	江元輔	三甲	直隸徽州府婺源縣	軍
46	方紀達	三甲	直隸徽州府歙縣	民
47	陳逅	三甲	直隸蘇州府常熟縣	民
48	孫舟	三甲	直隸蘇州府常熟縣	民
49	鄭建	三甲	直隸徽州府祁門縣	民
50	曹弘	三甲	直隸常州府江陰縣	民
51	蔣舜民	三甲	直隸常州府江陰縣	民
52	王佑	三甲	直隸廣德州建平縣	民
53	李傑	三甲	應天府六合縣	民
54	沈淡	三甲	直隸蘇州府吳縣	民
55	朱臣	三甲	直隸蘇州府吳縣	民

正德十六年辛巳科（1521）：南直隸籍進士共 49 名〔註47〕

序號	姓　名	甲　次	現籍地	籍
1	王積	二甲	直隸太倉衛	軍
2	沈漢	二甲	直隸蘇州府吳江縣	軍
3	張鳳來	二甲	直隸蘇州府常熟縣	軍
4	何唐	二甲	直隸安慶府桐城縣	民
5	富好禮	二甲	直隸松江府華亭縣	軍
6	徐嵩	二甲	直隸揚州府泰州	軍
7	吳廷翰	二甲	直隸廬州府無為州	民
8	瞿祥	二甲	直隸蘇州府太倉州	民
9	王世芳	二甲	直隸蘇州府太倉州	軍
10	惲釜	二甲	直隸常州府武進縣	民
11	張寰	二甲	直隸蘇州府崑山縣	民
12	朱紈	二甲	直隸蘇州府長洲縣	匠
13	張袞	二甲	直隸常州府江陰縣	民
14	查應兆	二甲	直隸蘇州府長洲縣	官

〔註47〕史料依據為《正德十六年進士登科錄》。

15	潘鎰	二甲	直隸徽州府婺源縣	民
16	張羽	二甲	直隸蘇州府崑山縣	軍
17	謝霖	二甲	直隸徽州府祁門縣	民
18	王大化	二甲	直隸揚州府儀真縣	民
19	王同祖	二甲	直隸蘇州府崑山縣	民
20	汪堅	二甲	直隸寧國府旌德縣	民
21	浦瑾	三甲	直隸常州府無錫縣	軍
22	潘潢	三甲	直隸徽州府婺源縣	民
23	吳檄	三甲	直隸安慶府桐城縣	民
24	張寅	三甲	直隸太倉衛	軍
25	高汧	三甲	直隸揚州府江都縣	匠
26	朱鴻漸	三甲	直隸蘇州府吳縣	民
27	吳文之	三甲	直隸蘇州府吳縣	民
28	郁山	三甲	直隸松江府華亭縣	匠
29	施一德	三甲	直隸蘇州府太倉州崇明縣	民
30	眭紘	三甲	直隸常州府武進縣	民
31	孫益	三甲	直隸常州府武進縣	官
32	端廷赦	三甲	直隸太平府當塗縣	民
33	胡明善	三甲	直隸鳳陽府壽州霍邱縣	民
34	李松	三甲	直隸蘇州府長洲縣	民
35	陸鼇	三甲	直隸蘇州府崑山縣	民
36	李翔	三甲	直隸松江府上海縣	匠
37	屈儒	三甲	直隸蘇州府崑山縣	軍
38	蔣詔	三甲	直隸蘇州府吳縣	民
39	沈奎	三甲	直隸寧國府涇縣	民
40	顧溱	三甲	直隸蘇州府太倉州	民
41	吳大本	三甲	直隸寧國府宣城縣	儒
42	劉守良	三甲	直隸淮安府海州贛榆縣	民
43	程輅	三甲	直隸徽州府績溪縣	民
44	孫鑾	三甲	直隸常州府武進縣	官
45	呂綸	三甲	直隸揚州府江都縣	民
46	錢鐸	三甲	直隸揚州府通州	軍
47	仲選	三甲	直隸淮安府沭陽縣	軍
48	龔大稔	三甲	直隸常州府武進縣	軍
49	華金	三甲	直隸常州府無錫縣	民

嘉靖二年癸未科（1523）：南直隸籍進士共69名〔註48〕

序號	姓　名	甲　次	現籍地	籍
1	徐階	一甲	直隸松江府華亭縣	民
2	華鑰	二甲	直隸常州府無錫縣	民
3	王召	二甲	直隸常州府無錫縣	民
4	石英中	二甲	直隸松江府上海縣	民
5	張京安	二甲	直隸蘇州府常熟縣	軍
6	吳昌齡	二甲	直隸廬州府六安州	軍
7	盧蕙	二甲	直隸淮安府山陽	民
8	程旦	二甲	直隸徽州府歙縣	民
9	馮冠	二甲	直隸蘇州府常熟縣	軍
10	潘恩	二甲	直隸松江府上海縣	民
11	盧襄	二甲	直隸蘇州府吳縣	民
12	胡有恆	二甲	直隸淮安府山陽縣	民
13	程煌	二甲	直隸徽州府婺源縣	民
14	劉炯	二甲	直隸蘇州府長洲縣	民
15	王庭	二甲	直隸蘇州府長洲縣	民
16	顧夢圭	二甲	直隸蘇州府崑山縣	民
17	馬坤	二甲	直隸揚州府通州	軍
18	葉份	二甲	直隸徽州府婺源縣	民
19	魏應召	二甲	直隸蘇州府吳縣	民
20	晉憲	二甲	直隸蘇州府崑山縣	民
21	陸堂	二甲	直隸蘇州府常熟縣	民
22	司馬泰	二甲	南京錦衣衛	軍
23	汪漢	二甲	直隸安慶府懷寧縣	民
24	吳淮	二甲	直隸鎮江府丹徒縣	軍
25	鄭淮	二甲	應天府上元縣	民
26	史臣	二甲	直隸蘇州府吳江縣	民
27	張國維	二甲	直隸鳳陽府定遠縣	民
28	李日章	二甲	直隸松江府華亭縣	民
29	周易	二甲	直隸太平府蕪湖縣	軍
30	戴靜夫	二甲	直隸徽州府休寧縣	民

〔註48〕史料依據為《嘉靖二年進士登科錄》。

31	王評	二甲	直隸蘇州府常熟縣	民
32	周鼇	二甲	直隸常州府江陰縣	民
33	焦煜	二甲	直隸寧國府太平縣	民
34	龔轅	二甲	直隸蘇州太倉州	民
35	盛應陽	二甲	直隸蘇州府吳江縣	軍
36	宋錦	二甲	直隸和州	民
37	朱觀	三甲	直隸蘇州府崑山縣	民
38	汪琯	三甲	直隸徽州府婺源縣	民
39	方潤	三甲	直隸徽州府歙縣	民
40	顧文隆	三甲	直隸松江府華亭縣	民
41	方升	三甲	直隸徽州府婺源縣	民
42	陳府	三甲	應天府上元縣	民
43	狄沖	三甲	應天府溧陽縣	軍
44	毛衢	三甲	直隸蘇州府吳江縣	民
45	胡道芳	三甲	直隸徽州府歙縣	軍
46	鄔紳	三甲	直隸鎮江府丹徒縣	軍
47	夏玉麟	三甲	直隸蘇州府常熟縣	軍
48	汪居安	三甲	直隸安慶府桐城縣	軍
49	沈大楠	三甲	直隸蘇州府崑山縣	民
50	李夢周	三甲	直隸揚州府通州海門縣	民
51	陳世輔	三甲	直隸鳳陽府定遠縣	軍
52	董鉉	三甲	直隸寧國府涇縣	軍
53	胡統	三甲	直隸常州府武進縣	官
54	許琯	三甲	直隸太平府當塗縣	民
55	孫昺	三甲	直隸太平府當塗縣	軍
56	許廷桂	三甲	直隸鳳陽府壽州蒙城縣	官
57	謝應龍	三甲	直隸徽州府祁門縣	民
58	方遠宜	三甲	直隸徽州府歙縣	民
59	趙綸	三甲	直隸松江府上海縣	民
60	徐行健	三甲	中都長淮衛	衛官
61	王爔	三甲	直隸蘇州府	民
62	魏景星	三甲	直隸寧國府宣城縣	民
63	董紹	三甲	直隸常州府武進縣	民
64	謝表	三甲	直隸蘇州府常熟縣	民

65	朱節	三甲	直隸蘇州府吳縣	民
66	楊東	三甲	直隸太平府當塗縣	軍
67	鄭濂	三甲	應天府江寧縣	民
68	沈韓	三甲	直隸蘇州府常熟縣	民
69	陸冕	三甲	直隸蘇州府崑山縣	民

嘉靖五年丙戌科（1526）：南直隸籍進士共 33 名[註49]

序號	姓　名	甲　次	現籍地	籍
1	袁袠	二甲	直隸蘇州府吳縣	民
2	張鵠	二甲	直隸松江府上海縣	民
3	方鵬	二甲	直隸安慶府懷寧縣	民
4	蔡察	二甲	直隸常州府無錫縣	民
5	顧中立	二甲	直隸松江府華亭縣	民
6	程霆	二甲	直隸徽州府婺源縣	民
7	諸傑	二甲	直隸松江府上海縣	民
8	張爕	二甲	直隸安慶府桐城縣	軍
9	夏雷	二甲	直隸淮安府鹽城縣	民
10	談愷	二甲	直隸隸常州府無錫縣	民
11	余棐	三甲	直隸徽州府婺源縣	民
12	方岑	三甲	直隸揚州府江都縣	民
13	馮恩	三甲	直隸松江府華亭縣	軍
14	葛桂	三甲	直隸松江府上海縣	民
15	王守	三甲	直隸蘇州府吳縣	民
16	陸粲	三甲	直隸蘇州府長洲縣	民
17	戚賢	三甲	直隸滁州全椒縣	民
18	楊儀	三甲	直隸蘇州府常熟縣	民
19	謝九成	三甲	直隸太平府繁昌縣	軍
20	楊世相	三甲	河南潁川衛	官
21	沈寅	三甲	直隸蘇州府常熟縣	匠
22	戴邦正	三甲	直隸松江府上海縣	民
23	沈椿	三甲	直隸蘇州府吳縣	軍
24	汪仲成	三甲	直隸徽州府績溪縣	民

[註49] 史料依據為《登科考》《貢舉考》《碑錄》。

25	張真	三甲	直隸寧國府南陵縣	民
26	周懋	三甲	直隸蘇州府常熟縣	民
27	金洲	三甲	直隸蘇州府嘉定縣	民
28	戴嘉猷	三甲	直隸徽州府績溪縣	民
29	宋邦輔	三甲	直隸池州府東流縣	民
30	方克	三甲	直隸安慶府桐城縣	民
31	顧中孚	三甲	直隸松江府華亭縣	民
32	楊春芳	三甲	直隸安慶府宿松縣	民
33	秦鼇	三甲	直隸蘇州府崑山縣	民

嘉靖八年己丑科（1529）：南直隸籍進士共 56 名〔註50〕

序號	姓　名	甲　次	現籍地	籍
1	唐順之	二甲	直隸常州府武進縣	民
2	盧淮	二甲	直隸淮安衛	軍
3	諸邦憲	二甲	直隸蘇州府崑山縣	民
4	汪大受	二甲	直隸徽州府婺源縣	民
5	王三錫	二甲	直隸蘇州府太倉州	民
6	胡松	二甲	直隸滁州	民
7	孫雲	二甲	直隸蘇州府崑山縣	民
8	陳詞	二甲	直隸常州府江陰縣	民
9	郟鼎	二甲	直隸蘇州府太倉州	民
10	張意	二甲	直隸蘇州府崑山縣	匠
11	王穀祥	二甲	直隸蘇州府長洲縣	官
12	程烈	二甲	直隸徽州府歙縣	民
13	安如山	二甲	直隸常州府無錫縣	民
14	方淮	二甲	直隸寧國府太平縣	軍
15	薛甲	二甲	直隸常州府江陰縣	民
16	沈愷	二甲	直隸松江府華亭縣	民
17	魯狪	二甲	直隸鳳陽府壽州霍丘縣	民
18	黃福	二甲	直隸徽州府休寧縣	民
19	蔣貫	二甲	直隸徽州府祁門縣	民
20	鮑象賢	二甲	直隸徽州府歙縣	民

〔註50〕史料依據為《嘉靖八年進士登科錄》。

21	呂高	二甲	直隸鎮江府丹徒縣	民
22	柯喬	三甲	直隸池州府青陽縣	軍
23	吳子孝	三甲	直隸蘇州府長洲縣	民
24	王鉅	三甲	直隸徽州府婺源縣	民
25	魯銑	三甲	直隸揚州府江都縣	軍
26	胡思忠	三甲	直隸淮安府桃源縣	軍
27	丁枕	三甲	直隸安慶府懷寧縣	匠
28	張選	三甲	直隸常州府無錫縣	民
29	張文鳳	三甲	直隸蘇州府常熟縣	軍
30	朱深	三甲	直隸松江府華亭縣	民
31	旺燁	三甲	直隸鎮江府丹陽縣	民
32	徐宗魯	三甲	直隸松江府華亭縣	民
33	方舟	三甲	直隸徽州府婺源縣	民
34	劉鳳	三甲	應天府句容縣	民
35	曹逵	三甲	直隸蘇州府太倉州	民
36	黃訓	三甲	直隸徽州府歙縣	民
37	丘峻	三甲	直隸蘇州府嘉定縣	匠
38	楊沔	三甲	應天府句容縣	軍
39	褚寶	三甲	直隸懷遠衛	衛官
40	倪嵩	三甲	直隸太平府當塗縣	匠
41	朱隆禧	三甲	直隸蘇州府崑山縣	民
42	程尚寧	三甲	直隸徽州府歙縣	匠
43	陳儒	三甲	直隸蘇州府崑山縣	民
44	黃正色	三甲	直隸常州府江陰縣	軍
45	張溪	三甲	直隸壽州衛	軍
46	劉昺	三甲	中都長淮衛	衛官
47	金清	三甲	應天府上元縣	民
48	章允賢	三甲	直隸池州府青陽縣	民
49	張裕	三甲	直隸蘇州府嘉定縣	匠
50	范來賢	三甲	直隸蘇州府常熟縣	軍
51	皇甫汸	三甲	直隸蘇州府長洲縣	民
52	吳介	三甲	直隸壽州衛	衛官
53	鄭恭	三甲	直隸徽州府績溪縣	民
54	周相	三甲	直隸蘇州府吳江縣	民

55	曹察	三甲	直隸常州府無錫縣	軍
56	王表	三甲	直隸常州府無錫縣	軍

嘉靖十一年壬辰科（1532）：南直隸籍進士共44名〔註51〕

序號	姓　名	甲　次	現籍地	籍
1	桑喬	二甲	直隸揚州府江都縣	民
2	林春	二甲	直隸揚州府泰州千戶所	軍
3	顧玉柱	二甲	直隸蘇州府常熟縣	軍
4	謝少南	二甲	應天府上元縣	民
5	左鎰	二甲	直隸寧國府涇縣	民
6	楊伊志	二甲	直隸蘇州府吳縣	民
7	陸期范	二甲	直隸揚州府高郵州興化縣	軍
8	徐禎	二甲	直隸蘇州府長洲縣	民
9	茅盤	二甲	直隸鎮江府丹徒縣	民
10	錢亮	二甲	直隸鎮江府丹徒縣	匠
11	施雨	二甲	直隸蘇州府常熟縣	民
12	皇甫涍	二甲	直隸蘇州府長洲縣	民
13	楊成	二甲	南京留守中衛	衛官
14	浦應麒	二甲	直隸常州府無錫縣	軍
15	餘光	三甲	直隸應天府江寧縣	民
16	王廷幹	三甲	直隸寧國府涇縣	民
17	尤魯	三甲	直隸常州府無錫縣	民
18	潘子正	三甲	直隸盧州府六安州	軍
19	張翼翔	三甲	直隸鳳陽府鳳陽縣	民
20	王教	三甲	直隸松江府華亭縣	民
21	顧存仁	三甲	直隸蘇州府太倉州	民
22	陳澍	三甲	直隸盧州府合肥縣	軍
23	陳如綸	三甲	直隸太倉衛	軍
24	邢址	三甲	直隸太平府當塗縣	軍
25	洪垣	三甲	直隸徽州府婺源縣	民
26	張遜	三甲	直隸高郵衛	軍
27	沈越	三甲	南京錦衣衛	軍

〔註51〕史料依據為《嘉靖十一年進士登科錄》。

28	錢嶪	三甲	直隸揚州府通州	軍
29	包節	三甲	直隸松江府華亭縣	民
30	嚴寬	三甲	直隸鎮江府丹徒縣	軍
31	張光祖	三甲	河南潁川衛	軍
32	董玠	三甲	直隸寧國府涇縣	軍
33	張珪	三甲	直隸蘇州府太倉州	民
34	王獻芝	三甲	直隸徽州府歙縣	民
35	錢籍	三甲	直隸蘇州府常熟縣	民
36	伊敏生	三甲	直隸應天府上元縣	匠
37	楊雷	三甲	直隸蘇州府吳縣	民
38	王瑛	三甲	直隸常州府無錫縣	民
39	張鶚	三甲	直隸泗州衛	軍
40	朱默	三甲	直隸太倉衛	軍
41	周大禮	三甲	直隸蘇州府崑山縣	民
42	周復俊	三甲	直隸蘇州府太倉州	民
43	史際	三甲	應天府溧陽縣	民
44	賀恩	三甲	直隸揚州府儀真縣	軍

嘉靖十四年乙未科（1535）：南直隸籍進士共 40 名〔註52〕

序號	姓　名	甲　次	現籍地	籍
1	桑喬	二甲	應天府上元縣	匠
2	林春	二甲	應天府溧陽縣	民
3	顧玉柱	二甲	直隸蘇州府吳江縣	民
4	謝少南	二甲	直隸常州府武進縣	軍
5	左鎰	二甲	直隸常州府武進縣	民
6	楊伊志	二甲	直隸常州府無錫縣	軍
7	陸期范	二甲	直隸揚州府通州	民
8	徐禎	二甲	河南潁川衛	軍
9	茅盤	二甲	直隸滁州衛	軍
10	錢亮	二甲	直隸蘇州府長洲縣	民
11	施雨	二甲	直隸松江府上海縣	灶
12	皇甫涔	二甲	直隸松江府上海縣	民

〔註52〕史料依據為《嘉靖十四年進士登科錄》。

13	楊成	二甲	直隸松江府華亭縣	民
14	浦應麒	二甲	直隸滁州全椒縣	民
15	餘光	三甲	直隸松江府上海縣	民
16	王廷幹	三甲	直隸淮安府山陽縣	民
17	尤魯	三甲	直隸常州府武進縣	民
18	潘子正	三甲	直隸鳳陽府臨淮縣	民
19	張翼翔	三甲	直隸鳳陽府懷遠縣	民
20	王教	三甲	南京留守後衛	衛官
21	顧存仁	三甲	直隸徽州府祁門縣	民
22	陳澍	三甲	直隸揚州府泰州	軍
23	陳如綸	三甲	直隸松江府華亭縣	民
24	邢址	三甲	直隸鎮江府金壇縣	軍
25	洪垣	三甲	直隸松江府華亭縣	軍
26	張遜	三甲	直隸蘇州府常熟縣	民
27	沈越	三甲	直隸徽州府祁門縣	民
28	錢㠱	三甲	直隸松江府華亭縣	民
29	包節	三甲	直隸淮安府山陽縣	民
30	嚴寬	三甲	直隸蘇州府吳縣	民
31	張光祖	三甲	直隸蘇州府太倉州	民
32	董玿	三甲	直隸徽州府黟縣	民
33	張珪	三甲	直隸安慶府桐城縣	軍
34	王獻芝	三甲	直隸常州府宜興縣	民
35	錢籍	三甲	直隸常州府無錫縣	軍
36	伊敏生	三甲	直隸揚州府高郵州寶應縣	民
37	楊雷	三甲	直隸安慶府潛山縣	民
38	王瑛	三甲	直隸蘇州府常熟縣	醫
39	張鶚	三甲	直隸鎮江府丹陽縣	軍
40	朱默	三甲	直隸廬州府合肥縣	軍

嘉靖十七年戊戌科（1538）：南直隸籍進士共 36 名 [註53]

序號	姓　名	甲　次	現籍地	籍
1	莫如忠	二甲	直隸松江府華亭縣	民

[註53] 史料依據為《嘉靖十七年進士登科錄》。

2	陸師道	二甲	直隸蘇州府吳縣	民
3	吳昆	二甲	直隸蘇州府吳江縣	匠
4	董子儀	二甲	直隸松江府上海縣	民
5	王問	二甲	直隸常州府無錫縣	民
6	楊金	二甲	直隸太平府當塗縣	軍
7	盧璧	二甲	南京羽林右衛	衛官
8	沈啓	二甲	直隸蘇州府吳縣	民
9	白若圭	二甲	直隸常州府武進縣	官
10	俞憲	二甲	直隸常州府無錫縣	民
11	李憲卿	二甲	直隸蘇州府崑山縣	民
12	陳鎏	二甲	直隸蘇州府吳縣	匠
13	章煥	二甲	直隸蘇州府長洲縣	民
14	馮煥	二甲	直隸淮安府山陽縣	民
15	潘釴	三甲	直隸徽州府婺源縣	民
16	汪伊	三甲	直隸徽州府歙縣	匠
17	周怡	三甲	直隸寧國府太平縣	民
18	趙汴	三甲	直隸蘇州府太倉州	民
19	臧珊	三甲	直隸淮安府山陽縣	民
20	曹守貞	三甲	直隸揚州府江都縣	民
21	趙承謙	三甲	直隸蘇州府常熟縣	民
22	孫孟	三甲	直隸滁州	官
23	鮑道明	三甲	直隸徽州府歙縣	民
24	葉遇春	三甲	直隸蘇州府太倉州	民
25	胡川楫	三甲	直隸徽州府歙縣	匠
26	吳蘭	三甲	直隸廬州府六安州霍山縣	民
27	袁袞	三甲	直隸蘇州府吳縣	民
28	董子策	三甲	直隸廬州府合肥縣	軍
29	張情	三甲	直隸蘇州府崑山縣	匠
30	丘玳	三甲	直隸廬州府六安縣	軍
31	汝齊賢	三甲	直隸蘇州府吳江縣	民
32	游震得	三甲	直隸徽州府婺源縣	民
33	李遇春	三甲	直隸蘇州府常熟縣	民
34	胡宗憲	三甲	直隸徽州府績溪縣	民
35	周山	三甲	直隸常州府武進縣	民
36	王心	三甲	直隸龍江右衛	軍

嘉靖二十年辛丑科（1541）：南直隸籍進士共 46 名〔註54〕

序號	姓　名	甲　次	現籍地	籍
1	沈坤	一甲	直隸大河衛	軍
2	林一鳳	一甲	南京龍江左衛	衛
3	林樹聲	二甲	直隸松江府華亭縣	軍
4	嚴訥	二甲	直隸蘇州府常熟縣	民
5	萬士亨	二甲	直隸常州府宜興縣	民
6	戴章甫	二甲	直隸徽州府休寧縣	民
7	范惟一	二甲	直隸松江府華亭縣	民
8	周士	二甲	直隸蘇州府太倉州	民
9	王景象	二甲	直隸徽州府歙縣	民
10	萬士和	二甲	直隸常州府宜興縣	民
11	殷邁	二甲	南京留守右衛	軍
12	張鷁翼	二甲	直隸松江府上海縣	灶
13	齊傑	二甲	直隸安慶府桐城縣	軍
14	董士弘	二甲	直隸常州府武進縣	民
15	周螯	三甲	直隸常州府武進縣	民
16	唐志大	三甲	直隸松江府上海縣	灶
17	何良傅	三甲	直隸松江府華亭縣	灶
18	徐履祥	三甲	直隸蘇州府長洲縣	民
19	華舜欽	三甲	直隸常州府無錫縣	民
20	徐亮	三甲	直隸常州府江陰縣	軍
21	王忬	三甲	直隸蘇州府大倉州	軍
22	杜璁	三甲	直隸廬州府合肥縣	民
23	張祥	三甲	南京錦衣衛	衛官
24	金世龍	三甲	直隸蘇州府長洲縣	民
25	張科	三甲	直隸安慶府太湖縣	民
26	阮㙫	三甲	應天府江寧縣	民
27	王覺	三甲	直隸常州府武進縣	民
28	徐岱	三甲	直隸蘇州府長洲縣	軍
29	宋治	三甲	直隸鳳陽府臨淮縣	軍
30	蔣珊	三甲	直隸常州府武進縣	軍

〔註54〕史料依據為《嘉靖二十年進士登科錄》。

31	鄭維誠	三甲	直隸徽州府祁門縣	軍
32	謝應徵	三甲	直隸松江府華亭縣	匠
33	袁祖庚	三甲	直隸蘇州府長洲縣	民
34	陸從大	三甲	直隸松江府華亭縣	民
35	唐愛	三甲	直隸蘇州府嘉定縣	民
36	張鐸	三甲	南京留守後衛旗籍	旗
37	周俊民	三甲	直隸常州府無錫縣	儒
38	盛汝謙	三甲	直隸安慶府桐城縣	民
39	徐紳	三甲	直隸池州府建德縣	軍
40	吳禎	三甲	直隸常州府無錫縣	民
41	華雲	三甲	直隸常州府無錫縣	民
42	張習	三甲	直隸揚州府高郵州寶應縣	民
43	劉璧	三甲	直隸蘇州府長洲縣	民
44	徐貢元	三甲	直隸太平府繁昌縣	民
45	路伯鏜	三甲	南京龍江左衛	衛官
46	梅守德	三甲	直隸寧國府宣城縣	軍

嘉靖二十三年甲辰科（1544）：南直隸籍進士共 49 名〔註55〕

序號	姓　名	甲　次	現籍地	籍
1	瞿景淳	一甲	直隸蘇州府常熟縣	匠
2	吳情	一甲	直隸常州府無錫縣	軍
3	戴完	二甲	直隸安慶府桐城縣	民
4	章士元	二甲	直隸蘇州府崑山縣	民
5	王之臣	二甲	直隸徽州府歙縣	民
6	阮鶚	二甲	直隸安慶府桐城縣	民
7	陳臬謨	二甲	直隸常州府江陰縣	民
8	汪垍	二甲	直隸徽州府休寧縣	軍
9	劉光濟	二甲	直隸常州府江陰縣	民
10	馮有年	二甲	直隸常州府無錫縣	軍
11	季德甫	二甲	直隸蘇州府太倉州	匠
12	劉崙	二甲	直隸廬州府無為州	軍
13	方瑜	二甲	直隸徽州府歙縣	民

〔註55〕史料依據為《嘉靖二十三年進士登科錄》。

14	皇甫濂	二甲	直隸蘇州府長洲縣	民
15	趙鈇	二甲	直隸安慶府桐城縣	民
16	袁福徵	二甲	直隸松江府華亭縣	軍
17	王會	二甲	直隸松江府華亭縣	匠
18	蔣孝	二甲	直隸常州府武進縣	民
19	畢鏘	二甲	直隸池州府石埭縣	匠
20	王一陽	二甲	直隸揚州府江都縣	軍
21	曹三暘	三甲	直隸常州府宜興縣	民
22	劉鳳	三甲	直隸蘇州府長洲縣	民
23	張承憲	三甲	直隸松江府華亭縣	民
24	金九成	三甲	直隸常州府武進縣	民
25	倪潤	三甲	直隸大河衛	軍
26	繆宣	三甲	直隸蘇州府常熟縣	民
27	胡景榮	三甲	直隸揚州府江都縣	民
28	戚慎	三甲	直隸寧國府宣城縣	民
29	甘觀	三甲	南京府軍右衛官	衛官
30	申思虁	三甲	直隸蘇州府吳江縣	民
31	張侃	三甲	直隸大河衛	軍
32	凌汝志	三甲	直隸蘇州府太倉州	民
33	江珍	三甲	直隸徽州府歙縣	軍
34	朱曰藩	三甲	直隸揚州府高郵州寶應縣	軍
35	俞謹	三甲	直隸常州府無錫縣	民
36	金九齡	三甲	直隸常州府武進縣	民
37	李文麟	三甲	直隸常州府無錫縣	軍
38	吳岳	三甲	直隸常州府武進縣	民
39	朱木	三甲	直隸蘇州府常熟縣	民
40	鄭河	三甲	應天府江寧縣	民
41	汪一中	三甲	直隸徽州府歙縣	匠
42	許彥忠	三甲	應天府句容縣	民
43	宋賢	三甲	直隸松江府華亭縣	灶
44	彭應麟	三甲	直隸松江府華亭縣	民
45	馬震章	三甲	應天府溧陽縣	民
46	周美	三甲	直隸蘇州府崑山縣	民

47	尤瑛	三甲	直隸常州府無錫縣	軍
48	汪任	三甲	直隸徽州府祁門縣	民
49	楊允繩	三甲	直隸松江府華亭縣	匠

嘉靖二十六年丁未科（1547）：南直隸籍進士共48名〔註56〕

序號	姓　　名	甲　次	現籍地	籍
1	李春芳	一甲	直隸揚州府高郵州興化縣	民
2	惲紹芳	二甲	直隸常州府武進縣	民
3	楊豫孫	二甲	直隸松江府華亭縣	民
4	章世仁	二甲	直隸池州府青陽縣	民
5	徐陟	二甲	直隸松江府華亭縣	民
6	凌雲翼	二甲	直隸蘇州府太倉州	民
7	朱笎	二甲	直隸淮安府桃源縣	民
8	顧柄	二甲	直隸蘇州府常熟縣	匠
9	張勉學	二甲	直隸蘇州府長洲縣	匠
10	張任	二甲	直隸蘇州府嘉定縣	民
11	周思兼	二甲	直隸松江府華亭縣	民
12	顧允揚	二甲	直隸蘇州府太倉州	民
13	李一元	二甲	直隸池州府建德縣	匠
14	李心學	二甲	直隸鳳陽府臨淮縣	民
15	王世貞	二甲	直隸蘇州府太倉州	軍
16	周鏜	二甲	直隸淮安府邳州宿遷縣	匠
17	高尚文	三甲	直隸太平府當塗縣	軍
18	王樵	三甲	直隸鎮江府金壇縣	民
19	吳仲禮	三甲	直隸池州府貴池縣	民
20	馬一龍	三甲	應天府溧陽縣	民
21	李昭祥	三甲	直隸松江府上海縣	灶
22	徐敦	三甲	直隸蘇州府太倉州	民
23	邵德	三甲	直隸常州府無錫縣	民
24	袁洪愈	三甲	直隸蘇州府長洲縣	民
25	龔愷	三甲	直隸松江府上海縣	民
26	於業	三甲	直隸鎮江府金壇縣	軍

〔註56〕史料依據為《嘉靖二十六年進士登科錄》。

27	皇甫渙	三甲	直隸蘇州府吳江縣	民
28	程嗣功	三甲	直隸徽州府歙縣	民
29	章美中	三甲	直隸蘇州府崑山縣	民
30	郭仁	三甲	直隸蘇州府長洲縣	民
31	李彬	三甲	直隸泰州守禦千戶所	軍
32	汪道昆	三甲	直隸徽州府歙縣	民
33	丘緯	三甲	直隸常州府武進縣	民
34	戴愬	三甲	南京江陰衛	軍
35	狄斯彬	三甲	應天府溧陽縣	軍
36	王陳策	三甲	直隸揚州府泰州	軍
37	葉應麟	三甲	直隸池州府建德縣	民
38	高士	三甲	直隸松江府華亭縣	民
39	秦梁	三甲	直隸常州府無錫縣	民
40	胡曉	三甲	直隸徽州府績溪縣	民
41	徐栻	三甲	直隸蘇州府常熟縣	軍
42	沈晃	三甲	直隸鎮江府丹徒縣	軍
43	何璿	三甲	直隸揚州府泰興縣	民
44	王任用	三甲	直隸蘇州府太倉州	民
45	韓叔陽	三甲	應天府高淳縣	軍
46	朱大韶	三甲	直隸松江府華亭縣	軍
47	鄭綺	三甲	直隸徽州府歙縣	民
48	殷正茂	三甲	直隸徽州府歙縣	民

嘉靖二十九年庚戌科（1550）：南直隸籍進士共 42 名 [註57]

序號	姓　名	甲　次	現籍地	籍
1	陳諫	二甲	直隸蘇州府常熟縣	民
2	宗臣	二甲	直隸揚州府興化縣	民
3	方弘靜	二甲	直隸徽州府歙縣	民
4	欽拱極	二甲	直隸蘇州府吳縣	匠
5	黃憲卿	二甲	直隸常州府武進縣	民
6	張蘊	二甲	應天府高淳縣	軍
7	黃甲	二甲	南京興武衛	軍

[註57] 史料依據為《嘉靖二十九年進士登科錄》。

8	徐學詩	二甲	直隸蘇州府嘉定縣	民
9	沈應魁	二甲	直隸蘇州府常熟縣	民
10	邵齡	二甲	直隸徽州府休寧縣	民
11	張選	二甲	直隸揚州府高郵州	軍
12	周後叔	二甲	直隸蘇州府崑山縣	民
13	方邦慶	二甲	直隸徽州府婺源縣	民
14	孟羽正	二甲	直隸松江府華亭縣	民
15	錢庶	三甲	直隸蘇州府常熟縣	民
16	丘鵬	三甲	直隸蘇州府長州縣	民
17	吳國寶	三甲	直隸廬州府無為州	民
18	張柵	三甲	直隸蘇州府嘉定縣	民
19	孫濬	三甲	直隸寧國府宣城縣	軍
20	朱景賢	三甲	直隸蘇州府崑山縣	民
21	查絳	三甲	直隸寧國府涇縣	民
22	沈紹慶	三甲	直隸蘇州府崑山縣	民
23	潘陽	三甲	直隸松江府上海縣	民
24	沈應乾	三甲	直隸鳳陽府五河縣	匠
25	蕭可教	三甲	直隸揚州府江都縣	軍
26	董傳策	三甲	直隸松江府上海縣	民
27	柳希玭	三甲	直隸廬州府廬江縣	民
28	袁世榮	三甲	直隸松江府華亭縣	軍
29	謝教	三甲	直隸常州府武進縣	民
30	曹本	三甲	直隸廬州府無為州巢縣	軍
31	薛如淮	三甲	直隸常州府江陰縣	民
32	施堯臣	三甲	直隸池州府青陽縣	民
33	馬濂	三甲	直隸常州府無錫縣	民
34	麻瀛	三甲	直隸寧國府宣城縣	軍
35	劉畿	三甲	直隸蘇州府長洲縣	民
36	周岱	三甲	直隸揚州府泰州縣	灶
37	裘天佑	三甲	直隸淮安府海州贛榆縣	民
38	陳斗南	三甲	直隸淮安府監城縣	竈
39	巫繼咸	三甲	直隸廣德州	民
40	鄭伯興	三甲	直隸常州府無錫縣	民
41	孫應魁	三甲	直隸松江府上海縣	民
42	錢有威	三甲	直隸蘇州府常熟縣	民

嘉靖三十二年癸丑科（1553）：南直隸籍進士共 61 名 〔註 58〕

序號	姓　名	甲　次	現籍地	籍
1	曹大章	一甲	直隸鎮江府金壇縣	民
2	龐遠	二甲	直隸蘇州府吳江縣	民
3	許汝驥	二甲	直隸寧國府寧國縣	匠
4	楊準	二甲	直隸常州府宜興縣	軍
5	江一麟	二甲	直隸徽州府婺源縣	民
6	齊遇	二甲	直隸安慶府桐城縣	匠
7	鄒察	二甲	直隸蘇州府長洲縣	民
8	周道光	二甲	直隸蘇州府太倉州	民
9	何汝健	二甲	南京留守左衛	軍
10	張大韶	二甲	直隸蘇州府太倉州	民
11	趙與治	二甲	直隸常州府江陰縣	民
12	吳邦楨	二甲	直隸蘇州府吳江縣	匠
13	姜寶	二甲	直隸鎮江府丹陽縣	軍
14	胡汝嘉	二甲	南京鷹揚衛	衛官
15	於惟一	二甲	直隸安慶府懷寧縣	官
16	屠寬	二甲	直隸松江府上海縣	民
17	方良曙	二甲	直隸徽州府歙縣	民
18	王宇	二甲	直隸蘇州府崑山縣	軍
19	徐師曾	二甲	直隸蘇州府吳江縣	民
20	程金	二甲	直隸徽州府歙縣	民
21	王可大	二甲	南京錦衣衛鎮撫司	軍
22	程廷策	二甲	直隸徽州府休寧縣	民
23	汪春時	二甲	直隸徽州府婺源縣	民
24	顧章志	三甲	直隸蘇州府太倉州	民
25	徐仲楫	三甲	直隸蘇州府長洲縣	民
26	方敏	三甲	直隸徽州府祁門縣	民
27	徐爌	三甲	直隸蘇州府太倉州	民
28	李叔和	三甲	直隸徽州府祁門縣	民
29	曹灼	三甲	直隸蘇州府太倉州	民
30	吳承熹	三甲	直隸蘇州府吳江縣	匠

〔註 58〕史料依據為《嘉靖三十二年進士登科錄》。

31	唐自化	三甲	直隸松江府華亭縣	灶
32	吳可行	三甲	直隸常州府武進縣	民
33	葉可成	三甲	直隸蘇州府吳江縣	民
34	秦禾	三甲	直隸常州府無錫縣	民
35	汪汝達	三甲	直隸常州府無錫縣	民
36	朱賢	三甲	南京應天衛江浦縣	軍
37	劉泉	三甲	直隸蘇州府常熟縣	民
38	萬鵬	三甲	直隸常州府武進縣	民
39	金燕	三甲	直隸安慶府潛山縣	軍
40	戴文奎	三甲	直隸蘇州府崑山縣	民
41	俞文榮	三甲	直隸松江府上海縣	民
42	陳甲	三甲	直隸常州府江陰縣	軍
43	林有望	三甲	直隸安慶府桐城縣	民
44	燕仲義	三甲	直隸蘇州府吳縣	匠
45	顧曾唯	三甲	直隸蘇州府吳江縣	民
46	凌儒	三甲	直隸揚州府泰州民	民匠
47	許從龍	三甲	直隸蘇州府崑山縣	民
48	凌邦奇	三甲	直隸蘇州府崑山縣	民
49	歸大道	三甲	直隸蘇州府長洲縣	民
50	華秉中	三甲	直隸松江府上海縣	民
51	夏儒	三甲	直隸鎮江府丹徒縣	軍
52	張書紳	三甲	直隸蘇州府常熟縣	匠
53	唐繼祿	三甲	直隸松江府上海縣	民
54	何煃	三甲	直隸寧國府南陵縣	軍
55	史起蟄	三甲	直隸揚州府江都縣	軍
56	深熙載	三甲	直隸蘇州府崑山縣	民
57	祝舜齡	三甲	直隸常州府無錫縣	軍
58	何惟慇	三甲	直隸鳳陽府壽州蒙城縣	軍
59	季科	三甲	直隸常州府江陰縣	軍
60	龔情	三甲	直隸松江府上海縣	民
61	王可立	三甲	直隸滁州來安縣	民

嘉靖三十五年丙辰科（1556）：南直隸籍進士共 36 名〔註59〕

序號	姓　名	甲　次	現籍地	籍
1	袁隨	二甲	直隸揚州府通州	民
2	阮自嵩	二甲	直隸安慶府桐城縣	民
3	吳一介	二甲	直隸安慶府桐城縣	民
4	楊成	二甲	直隸蘇州府長洲縣	民
5	葉宗春	二甲	直隸徽州府祁門縣	民
6	葛邦典	二甲	直隸蘇州府常熟縣	民
7	屠羲英	二甲	直隸寧國府寧國縣	民
8	張人紀	二甲	直隸廬州府合肥縣	軍
9	陳汲	二甲	直隸泰州守禦千戶所	軍
10	張諧	二甲	直隸六安衛	衛官
11	葛綸	二甲	直隸蘇州府崑山縣	民
12	施篤臣	二甲	直隸池州府青陽縣	民
13	程大賓	二甲	直隸徽州府歙縣	民
14	鮮明瑞	二甲	直隸建陽衛	軍
15	趙灼	三甲	直隸松江府上海縣	民
16	楊銓	三甲	直隸松江府華亭縣	民
17	查光述	三甲	直隸蘇州府常熟縣	民
18	常三省	三甲	直隸鳳陽府泗州	民
19	胡應嘉	三甲	直隸淮安府沭陽縣	民
20	馮符	三甲	直隸蘇州府吳縣	匠
21	姚汝循	三甲	南京錦衣衛	軍
22	張膽	三甲	直隸揚州府高郵州	民
23	徐必進	三甲	直隸廬州府六安州	民
24	沈桂	三甲	直隸廬州府無為州	軍
25	夏時	三甲	直隸松江府華亭縣	匠
26	吳宗周	三甲	直隸安慶府懷寧縣	民
27	王道充	三甲	直隸蘇州府大倉州	民
28	陳應詔	三甲	直隸泰州守禦千戶所	軍
29	謝封	三甲	直隸廬州府無為州	民
30	金甌	三甲	直隸廬州府六安縣	民

〔註59〕史料依據為《嘉靖三十五年進士登科錄》。

31	李維	三甲	直隸鳳陽府壽州蒙城縣	民
32	趙大河	三甲	直隸常州府江陰縣	民
33	唐汝迪	三甲	直隸寧國府宣城縣	軍
34	陳瓚	三甲	直隸蘇州府常熟縣	民
35	黃鶚	三甲	直隸揚州府泰州	軍
36	方新	三甲	直隸池州府青陽縣	軍

嘉靖三十八年己未科（1559）：南直隸籍進士共 48 名〔註60〕

序號	姓　名	甲　次	現籍地	籍
1	丁士美	一甲	直隸淮安府清河縣	民
2	張烈	二甲	直隸松江府華亭縣	民
3	張祥鳶	二甲	直隸鎮江府金壇縣	軍
4	張仲謙	二甲	直隸松江府上海縣	民
5	李紀	二甲	直隸鳳陽府泗州	民
6	程道東	二甲	直隸徽州府歙縣	民
7	汪如海	二甲	直隸徽州府黟縣	民
8	皮豹	二甲	應天府上元縣	民
9	沈奎	二甲	直隸常州府江陰縣	民
10	李學禮	二甲	直隸鳳陽府潁州	民
11	趙宋	二甲	直隸揚州府高郵州興化縣	軍
12	錢藻	二甲	直隸揚州府泰州如皋縣	匠
13	華汝礪	二甲	直隸常州府無錫縣	軍
14	徐卿龍	二甲	直隸常州府無錫縣	民
15	范惟丕	二甲	直隸松江府華亭縣	民
16	韓邦憲	二甲	應天府高淳縣	軍
17	顧名世	二甲	直隸松江府上海縣	匠
18	錢順時	二甲	直隸蘇州府常熟縣	民
19	張子仁	二甲	直隸常州府無錫縣	民
20	游醇卿	二甲	直隸徽州府婺源縣	軍
21	陳紹登	三甲	直隸常州府武進縣	民
22	秦嘉楫	三甲	直隸松江府上海縣	竈
23	解宋	三甲	直隸揚州府高郵州興化縣	匠

〔註60〕史料依據為《嘉靖三十八年進士登科錄》。

24	王之翰	三甲	直隸徽州府祁門縣	民
25	佘敬中	三甲	直隸池州府銅陵縣	軍
26	張憲臣	三甲	直隸蘇州府崑山縣	民
27	王天爵	三甲	直隸蘇州府吳縣	民
28	趙熙靖	三甲	直隸常州府武進縣	民
29	荊文炤	三甲	直隸鎮江府丹陽縣	軍
30	賀邦泰	三甲	直隸鎮江府丹陽縣	軍
31	顧奎	三甲	直隸揚州府通州	軍
32	張翰翔	三甲	應天府溧陽縣	民
33	蔣彬	三甲	直隸蘇州府吳縣	民
34	邵夢麟	三甲	直隸滁州	民
35	朱繐	三甲	應天府溧陽縣	軍
36	萬慶	三甲	直隸和州	民
37	顧堅	三甲	直隸蘇州府吳縣	民
38	沈人種	三甲	直隸蘇州府嘉定縣	民
39	程光甸	三甲	直隸安慶府太湖縣	民
40	曹棟	三甲	直隸鎮江府丹徒縣	軍
41	雷鳴春	三甲	直隸安慶府懷寧縣	民
42	王世懋	三甲	直隸蘇州府太倉州崑山縣	軍
43	蔡悉	三甲	直隸盧州府合肥縣	匠
44	翟臺	三甲	直隸寧國府涇縣	民
45	顧廷對	三甲	直隸揚州府泰州	民
46	鮑宗沂	三甲	直隸揚州府江都縣	民
47	張振之	三甲	直隸蘇州府太倉州	民
48	徐廷裸	三甲	直隸蘇州府崑山縣	民

嘉靖四十一年壬戌科（1562）：南直隸籍進士共 34 名 〔註61〕

序號	姓　名	甲　次	現籍地	籍
1	徐時行	一甲	直隸蘇州府吳縣	民
2	王錫爵	一甲	直隸蘇州府太倉州	民
3	潘允端	二甲	直隸松江府上海縣	民
4	朱潤身	二甲	應天府江寧縣	匠

〔註61〕 史料依據為《嘉靖四十一年進士登科錄》。

5	徐元氣	二甲	直隸寧國府宣城縣	儒
6	蘇愚	二甲	直隸揚州府泰州如皋縣	民
7	馬顧澤	二甲	直隸蘇州府長洲縣	民
8	呂一靜	二甲	直隸池州府貴池縣	民
9	萬振孫	二甲	直隸廬州府合肥縣	民
10	張從律	三甲	直隸松江府華亭縣	民
11	沈廷觀	三甲	直隸蘇州府吳江縣	民
12	王謨	三甲	河南潁川衛	軍
13	李寅賓	三甲	直隸徽州府婺源縣	民
14	劉泮	三甲	直隸揚州府江都縣	民
15	王嘉言	三甲	直隸常州府江陰縣	民
16	趙睿	三甲	直隸寧國府涇縣	民
17	蔣致大	三甲	直隸常州府武進縣	軍
18	艾克久	三甲	直隸松江府上海縣	軍
19	王納言	三甲	直隸常州府武進縣	軍
20	史文龍	三甲	直隸常州府武進縣	民
21	鮑尚伊	三甲	直隸徽州府歙縣	民
22	華啟直	三甲	直隸常州府無錫縣	民
23	殷登瀛	三甲	直隸寧國府宣城縣	匠
24	鄭欽	三甲	直隸寧國府涇縣	民
25	程文著	三甲	直隸徽州府婺源縣	民
26	周希旦	三甲	直隸寧國府旌德縣	民
27	郭諫臣	三甲	直隸蘇州府長洲縣	軍
28	陳大壯	三甲	直隸揚州府通州	民
29	劉繼文	三甲	直隸鳳陽府宿州靈璧縣	民
30	張守中	三甲	直隸揚州府高郵州	民
31	凌琯	三甲	直隸徽州府歙縣	民
32	王問臣	三甲	直隸蘇州府長洲縣	民
33	馬近奎	三甲	直隸池州府貴池縣	民
34	吳自峒	三甲	直隸安慶府桐城縣	民

嘉靖四十四年乙丑科（1565）：南直隸籍進士共 61 名〔註62〕

序號	姓　名	甲　次	現籍地	籍
1	伊在庭	二甲	應天府上元縣	匠
2	周鐸	二甲	直隸蘇州府太倉州	民
3	湯希閔	二甲	直隸池州府石埭縣	民
4	潘志伊	二甲	直隸蘇州府吳江縣	民
5	李汝節	二甲	直隸蘇州府嘉定縣	民
6	王鑒	二甲	直隸常州府無錫縣	民
7	李存文	二甲	直隸揚州府泰州	民
8	周子義	二甲	直隸常州府無錫縣	軍
9	顧應龍	二甲	直隸常州府無錫縣	民
10	袁尊尼	二甲	直隸蘇州府長洲縣	民
11	陳懿德	二甲	直隸松江府華亭縣	民
12	陳王道	二甲	直隸蘇州府崑山縣	民
13	寧鈳	二甲	直隸廣德州	民
14	顧養謙	二甲	直隸揚州府通州	軍
15	張明正	二甲	直隸松江府華亭縣	民
16	盛居晉	二甲	直隸松江府華亭縣	民
17	徐汝翼	二甲	直隸松江府上海縣	民
18	游應乾	二甲	直隸徽州府婺源縣	軍
19	喬懋敬	二甲	直隸松江府上海縣	軍
20	盛當時	三甲	直隸松江府華亭縣	民
21	李世臣	三甲	直隸常州府武進縣	官
22	唐一麐	三甲	直隸常州府武進縣	民
23	陸萬鍾	三甲	直隸松江府華亭縣	民
24	萬言策	三甲	直隸常州府無錫縣	民
25	王執禮	三甲	直隸蘇州府崑山縣	民
26	陳王道	三甲	直隸蘇州府吳江縣	民
27	潘允哲	三甲	直隸松江府上海縣	民
28	徐元太	三甲	直隸寧國府宣城縣	儒
29	馮汝騏	三甲	直隸鎮江府金壇縣	民

〔註62〕史料依據為《嘉靖四十四年進士登科錄》。

30	蔣夢龍	三甲	直隸蘇州府長洲縣	軍
31	許天贈	三甲	直隸徽州府黟縣	民
32	范侖	三甲	直隸鎮江府丹徒縣	民
33	許國	三甲	直隸徽州府歙縣	民
34	林樹德	三甲	直隸松江府華亭縣	民
35	錢錫汝	三甲	直隸蘇州府吳江縣	民
36	李鳴謙	三甲	直隸安慶府桐城縣	民
37	胡洨	三甲	直隸常州府無錫縣	軍
38	曹慎	三甲	直隸鎮江衛	軍
39	季膺	三甲	直隸松江府華亭縣	民
40	歸有光	三甲	直隸蘇州府崑山縣	軍
41	李得陽	三甲	直隸廣德州	軍
42	王圻	三甲	直隸松江府上海縣	民
43	查鐸	三甲	直隸寧國府涇縣	民
44	李薦佳	三甲	河南潁川衛	軍
45	張克家	三甲	直隸寧國府宣城縣	軍
46	李謨	三甲	直隸廣德州	民
47	朱一松	三甲	直隸寧國府寧國縣	民
48	余一龍	三甲	直隸徽州府婺源縣	民
49	金應徵	三甲	直隸蘇州府長洲縣	軍
50	俞一貫	三甲	直隸徽州府婺源縣	民
51	鄭宣化	三甲	南京龍江左衛	軍
52	陸士鼇	三甲	直隸蘇州府常熟縣	民
53	陳宣	三甲	直隸寧國府太平縣	民
54	胡效才	三甲	直隸安慶府桐城縣	匠
55	戚傑	三甲	直隸鳳陽府泗州	民
56	梁子琦	三甲	直隸鳳陽府壽州	民
57	汪文輝	三甲	直隸徽州府婺源縣	民
58	王之屏	三甲	直隸鳳陽府潁州	民
59	龔緞	三甲	直隸揚州府高郵州	民
60	孫濟遠	三甲	直隸太平府當塗縣	民
61	楊家相	三甲	應天府江寧縣	民

隆慶二年戊辰科（1568）：南直隸籍進士共 61 名〔註63〕

序號	姓　名	甲　次	現籍地	籍
1	李逢陽	二甲	南京金吾後衛	軍
2	王周紹	二甲	直隸蘇州府太倉州	軍
3	王鼎爵	二甲	直隸蘇州府太倉州	民
4	華叔陽	二甲	直隸常州府無錫縣	民
5	宋堯武	二甲	直隸松江府華亭縣	民
6	徐顯卿	二甲	直隸蘇州府長洲縣	民
7	殷建中	二甲	直隸蘇州府吳縣	民
8	施夢龍	二甲	直隸常州府無錫縣	民
9	喬木	二甲	直隸松江府上海縣	灶
10	陳允升	二甲	直隸蘇州府崑山縣	民
11	江以東	二甲	直隸滁州全椒縣	民
12	施近臣	二甲	直隸池州府青陽縣	民
13	袁一虯	二甲	直隸蘇州府長洲縣	民
14	韓世能	二甲	直隸蘇州府長洲縣	民
15	林景暘	二甲	直隸松江府華亭縣	民
16	顧顯仁	二甲	直隸常州府武進縣	民
17	吳自新	二甲	應天府江寧縣	民
18	吳肇東	二甲	直隸安慶府太湖縣	民
19	焦玄鑒	二甲	直隸寧國府太平縣	民
20	錢順德	二甲	直隸蘇州府常熟縣	民
21	馮時雨	三甲	直隸蘇州府長洲縣	民
22	江廷寄	三甲	直隸寧國府旌德縣	民
23	須用賓	三甲	直隸常州府武進縣	匠
24	錢普	三甲	直隸常州府無錫縣	軍
25	蔡汝賢	三甲	直隸松江府華亭縣	匠
26	唐裔	三甲	直隸常州府無錫縣	民
27	龔勉	三甲	直隸常州府無錫縣	軍
28	賈應璧	三甲	直隸常州府無錫縣	民
29	張桐	三甲	直隸揚州府泰州	民

〔註63〕史料依據為《隆慶二年進士登科錄》。

30	鍾遐齡	三甲	應天府溧陽縣	民
31	徐大任	三甲	直隸寧國府宣城縣	民
32	王之臣	三甲	直隸徽州府休寧縣	民
33	湯聘尹	三甲	直隸蘇州府嘉定縣	匠
34	謝良琦	三甲	直隸常州府武進縣	民
35	黃應坤	三甲	直隸徽州府歙縣	匠
36	張明化	三甲	直隸松江府華亭縣	民
37	叢文蔚	三甲	南京錦衣衛	軍
38	張淳	三甲	直隸安慶府桐城縣	匠
39	孫從龍	三甲	直隸蘇州府吳江縣	民
40	汪在前	三甲	直隸徽州府歙縣	民
41	李一中	三甲	直隸池州府建德縣	匠
42	謝良弼	三甲	直隸泗州衛	衛官
43	許承周	三甲	直隸蘇州府崑山縣	民
44	蔣科	三甲	直隸揚州府泰州	民
45	胡用賓	三甲	直隸徽州府婺源縣	民
46	陸從平	三甲	直隸松江府華亭縣	民
47	殷濡	三甲	直隸蘇州府常熟縣	軍
48	葉楙中	三甲	直隸揚州府江都縣	民
49	蔣以忠	三甲	直隸蘇州府常熟縣	軍
50	謝宗倫	三甲	直隸徽州府祁門縣	民
51	顧大典	三甲	直隸蘇州府吳江縣	軍
52	闕成章	三甲	直隸蘇州府長洲縣	匠
53	張朝瑞	三甲	直隸淮安府海州	民
54	余懋學	三甲	直隸徽州府婺源縣	民
55	劉倬	三甲	直隸蘇州府長洲縣	民
56	鄭准	三甲	直隸蘇州府吳縣	民
57	顧梁材	三甲	直隸蘇州府長洲縣	民
58	沈位	三甲	直隸蘇州府吳江縣	民
59	毛圖南	三甲	直隸蘇州府吳江縣	民
60	王一誠	三甲	直隸蘇州府崑山縣	軍
61	曹銑	三甲	直隸松江府華亭縣	民

隆慶五年辛未科（1571）：南直隸籍進士共 69 名〔註 64〕

序號	姓　名	甲次	現籍地	籍
1	劉珹	一甲	直隸蘇州衛	衛
2	施策	二甲	直隸常州府無錫縣	醫
3	方揚	二甲	直隸徽州府歙縣	民
4	吳中行	二甲	直隸常州府武進縣	民
5	沈應科	二甲	直隸蘇州府常熟縣	民
6	姚純臣	二甲	直隸蘇州府吳縣	民
7	荊光裕	二甲	直隸鎮江府丹陽縣	軍
8	李伯春	二甲	直隸松江府上海縣	民
9	管志道	二甲	直隸蘇州府太倉州	民
10	勞遜志	二甲	直隸蘇州府吳縣	民
11	史繼志	二甲	應天府溧陽縣	民
12	楊士元	二甲	直隸蘇州府太倉州	民
13	夏良心	二甲	直隸廣德州	軍
14	蕭良幹	二甲	直隸寧國府涇縣	民
15	王世能	二甲	直隸寧國府宣城縣	民
16	施天麟	二甲	直隸池州府青陽縣	民
17	唐鶴徵	二甲	直隸常州府武進縣	民
18	侯堯封	二甲	直隸蘇州府嘉定縣	民
19	王應乾	三甲	直隸池州府東流縣	民
20	蕭彥	三甲	直隸寧國府涇縣	民
21	葉時新	三甲	直隸徽州府休寧縣	民
22	陳大科	三甲	直隸揚州府通州	民
23	趙用賢	三甲	直隸蘇州府常熟縣	民
24	錢岱	三甲	直隸蘇州府常熟縣	民
25	吳汝倫	三甲	直隸常州府無錫縣	軍
26	劉尚志	三甲	直隸安慶府懷寧縣	民
27	顧其志	三甲	直隸蘇州府長洲縣	民
28	楊德	三甲	直隸常州府武進縣	匠
29	俞汝為	三甲	直隸松江府華亭縣	民
30	唐應元	三甲	直隸蘇州府崑山縣	民

〔註 64〕史料依據為《隆慶五年進士登科錄》。

31	王嘉柔	三甲	直隸安慶府潛山縣	軍
32	金從洋	三甲	直隸松江府華亭縣	民
33	汪彥沖	三甲	直隸徽州府歙縣	民
34	范鳴謙	三甲	直隸常州府江陰縣	民
35	俞文達	三甲	直隸徽州府婺源縣	軍
36	孫謀	三甲	直隸泗州衛	衛官
37	許夢熊	三甲	直隸寧國府南陵縣	民
38	許樂善	三甲	直隸松江府華亭縣	民
39	張應元	三甲	直隸徽州府休寧縣	民
40	馮笏	三甲	直隸蘇州府吳縣	匠
41	丁元復	三甲	直隸蘇州府長洲縣	民
42	秦燿	三甲	直隸常州府無錫縣	官
43	王炳衡	三甲	直隸蘇州府長洲縣	民
44	曹樓	三甲	直隸徽州府歙縣	民
45	武尚耕	三甲	應天府溧水縣	軍
46	戴洪恩	三甲	直隸揚州府江都縣	民
47	顧九思	三甲	直隸蘇州府長洲縣	民
48	羅應鶴	三甲	直隸徽州府歙縣	民
49	趙卿	三甲	直隸泗州衛	衛官
50	詹沂	三甲	直隸寧國府宣城縣	匠
51	唐本堯	三甲	直隸松江府上海縣	灶
52	金應照	三甲	直隸蘇州府吳縣	民
53	李貞	三甲	河南潁川衛	軍
54	宋存德	三甲	南京錦衣衛	軍
55	鄭銃	三甲	直隸寧國府涇縣	民
56	馮時可	三甲	直隸松江府華亭縣	軍
57	黃道年	三甲	直隸廬州府合肥縣	軍
58	曹司勳	三甲	直隸常州府宜興縣	民
59	郝孔昭	三甲	直隸滁州來安縣	民
60	趙善政	三甲	直隸寧國府涇縣	民
61	梅淳	三甲	直隸太平府當塗縣	軍
62	楊維新	三甲	直隸鎮江府丹徒縣	民
63	高文炳	三甲	直隸松江府上海縣	軍
64	吳之彥	三甲	直隸蘇州府太倉州	民

65	孫秉陽	三甲	直隸鳳陽府懷遠縣	民
66	劉玉成	三甲	直隸蘇州府長洲縣	民
67	曹誥	三甲	直隸徽州府休寧縣	民
68	李天植	三甲	直隸廣德州	軍
69	胡宥	三甲	直隸徽州府休寧縣	民

萬曆二年甲戌科（1574）：南直隸籍進士共 52 名〔註65〕

序號	姓　名	甲　次	現籍地	籍
1	孫繼皋	一甲	直隸常州府無錫縣	民
2	余孟麟	一甲	應天府江寧縣	民
3	支可大	二甲	直隸蘇州府崑山縣	民
4	沈璟	二甲	直隸蘇州府吳江縣	軍
5	陸橖	二甲	直隸蘇州府長洲縣	民
6	蕭應宮	二甲	直隸蘇州府常熟縣	民
7	薛道生	二甲	直隸蘇州府吳縣	民
8	佘毅中	二甲	直隸池州府銅陵縣	軍
9	陳夢庚	二甲	直隸松江府華亭縣	民
10	謝衮	二甲	直隸太平府當塗縣	民
11	陳邦彥	二甲	直隸池州府青陽縣	民
12	汪應蛟	二甲	直隸徽州府婺源縣	民
13	鄒迪光	二甲	直隸常州府無錫縣	軍
14	蔡惟亨	二甲	直隸常州府無錫縣	民
15	王橋	二甲	應天府上元縣	民
16	張國輔	二甲	南京金吾後衛	軍
17	楊以忠	二甲	直隸常州府武進縣	民
18	陳國華	二甲	直隸蘇州府常熟縣	民
19	容若玉	二甲	直隸安慶府懷寧縣	民
20	顏素	三甲	直隸安慶府懷寧縣	軍
21	王問卿	三甲	直隸常州府無錫縣	民
22	黃時雨	三甲	直隸蘇州府常熟縣	民
23	何鑛	三甲	直隸蘇州府常熟縣	民
24	馬貫	三甲	直隸蘇州府吳江縣	民

〔註65〕史料依據為《萬曆二年進士登科錄》。

25	王炳璿	三甲	直隸蘇州府崑山縣	民
26	陳正誼	三甲	直隸松江府華亭縣	軍
27	李際春	三甲	直隸常州府武進縣	民
28	韓國楨	三甲	直隸蘇州府長洲縣	民
29	毛在	三甲	直隸蘇州府太倉州	匠
30	龔錫爵	三甲	直隸蘇州府嘉定縣	民
31	王國賓	三甲	直隸常州府武進縣	民
32	俞良史	三甲	直隸蘇州府吳縣	民
33	黃門	三甲	直隸蘇州府常熟縣	民
34	顧夢鯉	三甲	直隸蘇州府崑山縣	民
35	程有守	三甲	直隸徽州府歙縣	民
36	范淶	三甲	直隸徽州府休寧縣	民
37	余啟元	三甲	直隸徽州府婺源縣	民
38	陳應芳	三甲	直隸揚州府泰州守禦千戶所	衛官
39	黃雲龍	三甲	直隸徽州府歙縣	民
40	顧起淹	三甲	直隸蘇州府吳縣	民
41	朱熙洽	三甲	直隸蘇州府崑山縣	民
42	李寀	三甲	直隸廬州府舒城縣	民
43	黃體乾	三甲	直隸常州府宜興縣	民
44	金和	三甲	直隸蘇州府長洲縣	民
45	馬洛	三甲	直隸揚州府如皋縣	民
46	羅應兆	三甲	直隸蘇州府吳縣	民
47	張夢蟾	三甲	直隸鳳陽府壽州衛	旗
48	袁應祺	三甲	直隸揚州府高郵州興化縣	灶
49	嵇應科	三甲	直隸常州府武進縣	民
50	方范	三甲	直隸蘇州府崑山縣	民
51	貢靖國	三甲	直隸寧國府宣城縣	儒
52	夏應星	三甲	直隸淮安府鹽城縣	民

萬曆五年丁丑科（1577）：南直隸籍進士共 46 名〔註66〕

序號	姓　　名	甲　次	現籍地	籍
1	沈懋學	一甲	直隸寧國府宣城縣	民

〔註66〕史料依據為《萬曆五年進士登科錄》。

2	張文奇	二甲	直隸蘇州府長洲縣	匠
3	盛世承	二甲	直隸安慶府桐城縣	民
4	黃學顏	二甲	直隸蘇州府吳縣	民
5	趙健	二甲	直隸寧國府涇縣	軍
6	王明時	二甲	直隸松江府華亭縣	民
7	郭師古	二甲	直隸揚州府泰州如皋縣	軍
8	章潤	二甲	直隸揚州府江都縣	軍
9	周汝礪	二甲	直隸蘇州府崑山縣	民
10	張鼎思	二甲	直隸蘇州府長洲縣	民
11	劉際可	二甲	直隸鎮江府丹徒縣	民
12	王之麟	二甲	直隸常州府無錫縣	軍
13	任可容	三甲	直隸安慶府懷寧縣	民
14	賈三策	三甲	直隸鳳陽府亳州	民
15	俞霈	三甲	直隸常州府宜興縣	民
16	顧紹芳	三甲	直隸蘇州府太倉州	民
17	王鍵	三甲	直隸鎮江府金壇縣	民
18	張新	三甲	直隸鎮海衛	衛
19	史繼辰	三甲	應天府溧陽縣	民
20	李國士	三甲	直隸鳳陽府亳州	民
21	朱來遠	三甲	直隸廬州府廬江縣	軍
22	蘇酇	三甲	直隸蘇州府太倉州	民
23	吳夢熊	三甲	直隸常州府宜興縣	民
24	陸承憲	三甲	直隸松江府華亭縣	灶
25	張棟	三甲	直隸蘇州府崑山縣	民
26	吳達可	三甲	直隸常州府宜興縣	民
27	徐申	三甲	直隸蘇州府長洲縣	民
28	陳燁	三甲	直隸蘇州府吳縣	民
29	潘元和	三甲	直隸松江府華亭縣	民
30	吳安國	三甲	直隸蘇州府長洲縣	民
31	顧雲程	三甲	直隸蘇州府常熟縣	民
32	李應祥	三甲	直隸常州府無錫縣	軍
33	丘度	三甲	直隸淮安衛	軍
34	徐三重	三甲	直隸松江府華亭縣	民
35	沈孚聞	三甲	直隸蘇州府吳江縣	民

36	鍾宇淳	三甲	直隸松江府華亭縣	匠
37	趙一鵬	三甲	直隸蘇州府吳縣	民
38	吳之鵬	三甲	直隸常州府武進縣	民
39	馬玉麟	三甲	直隸蘇州府崑山縣	民
40	黃鍾	三甲	直隸蘇州府長洲縣	民
41	程奎	三甲	直隸徽州府歙縣	民
42	方萬山	三甲	直隸徽州府歙縣	民
43	萬象春	三甲	直隸常州府無錫縣	民
44	朱維藩	三甲	直隸淮安衛中左所	軍
45	吳文梓	三甲	直隸池州府青陽縣	民
46	江東之	三甲	直隸徽州府歙縣	民

萬曆八年庚辰科（1580）：南直隸籍進士共 44 名〔註67〕

序號	姓　名	甲　次	現籍地	籍
1	顧憲成	二甲	直隸常州府無錫縣	民
2	李同芳	二甲	直隸蘇州府崑山縣	民
3	路雲龍	二甲	直隸常州府宜興縣	民
4	姜士昌	二甲	直隸鎮江府丹陽縣	軍
5	湯日昭	二甲	直隸鎮江府丹陽縣	軍
6	於文熙	二甲	直隸鎮江府金壇縣	軍
7	楊同善	二甲	直隸揚州府泰興縣	軍
8	袁年	二甲	直隸蘇州府吳縣	民
9	楊於庭	二甲	直隸滁州全椒縣	民
10	陸汴	二甲	直隸蘇州府長洲縣	民
11	張恒	二甲	直隸松江府	民
12	史邦載	二甲	直隸常州府江陰縣	民
13	蔣瑞卿	二甲	直隸常州府宜興縣	民
14	盧文勳	二甲	直隸常州府無錫縣	民
15	錢濬	二甲	應天府上元縣	匠
16	徐泰時	二甲	直隸蘇州府長洲縣	民
17	鄒雲鵬	二甲	直隸蘇州府吳江縣	軍
18	彭夢祖	二甲	直隸滁州全椒縣	民

〔註67〕史料依據為《萬曆八年進士登科錄》。

19	陳榛	二甲	應天府句容縣	軍
20	尤錫類	二甲	直隸蘇州府長洲縣	民
21	吳岳秀	三甲	直隸安慶府懷寧縣	民
22	鄒龍光	三甲	直隸蘇州府長洲縣	民
23	褚九臯	三甲	直隸蘇州府長洲縣	民
24	張後甲	三甲	南京鷹揚衛	軍
25	王守素	三甲	應天府溧水縣	軍
26	王道增	三甲	河南潁川衛	軍
27	王希會	三甲	直隸安慶府懷寧縣	民
28	閭士選	三甲	直隸揚州府江都縣	民
29	褚棟	三甲	直隸常州府武進縣	民
30	葉隆光	三甲	直隸安慶府懷寧縣	軍
31	蔡逢時	三甲	直隸寧國府宣城縣	匠
32	張肇	三甲	直隸鎮江府丹陽縣	民
33	趙士登	三甲	直隸寧國府涇縣	民
34	江有源	三甲	直隸太倉衛	軍
35	褚國祥	三甲	直隸常州府武進縣	軍
36	茅崇本	三甲	直隸鎮江府丹徒縣	民
37	伍袁萃	三甲	直隸蘇州府長洲縣	民
38	吳之佳	三甲	直隸蘇州府長洲縣	民
39	張鶴鳴	三甲	直隸徐州	民
40	侯先春	三甲	直隸常州府無錫縣	民
41	盧泮	三甲	直隸廬州府無為州	民
42	於孔兼	三甲	直隸鎮江府金壇縣	軍
43	吳之龍	三甲	直隸常州府武進縣	民
44	葉初春	三甲	直隸蘇州府吳縣	民

萬曆十一年癸未科（1583）：南直隸籍進士共 46 名〔註68〕

序號	姓　名	甲　次	現籍地	籍
1	麻溶	二甲	直隸寧國府宣城縣	軍
2	史孟麟	二甲	直隸常州府宜興縣	民
3	方應選	二甲	直隸松江府華亭縣	灶

〔註68〕史料依據為《萬曆十一年進士登科錄》。

4	申用懋	二甲	直隸蘇州府吳縣	民
5	袁應陽	二甲	直隸蘇州府常熟縣	民
6	俞顯卿	二甲	直隸松江府上海縣	民
7	殷都	二甲	直隸蘇州府嘉定縣	民
8	於玉立	二甲	直隸鎮江府金壇縣	軍
9	陳一簡	二甲	直隸太平府繁昌縣	民
10	盧夢錫	二甲	直隸松江府華亭縣	民
11	邵庶	二甲	直隸徽州府休寧縣	民
12	何鯉	二甲	南直隸常州府武進縣	民
13	胡篤卿	二甲	南直隸寧國府太平縣	民
14	蕭雍	二甲	南直隸寧國府涇縣	民
15	王堯封	二甲	南直隸鎮江府金壇縣	民
16	陸起龍	三甲	直隸蘇州府太倉州	民
17	潘士藻	三甲	直隸徽州府婺源縣	民
18	吳堯臣	三甲	直隸徽州府休寧縣	軍
19	錢一本	三甲	直隸常州府武進縣	民
20	徐榜	三甲	直隸寧國府涇縣	民
21	李周策	三甲	直隸蘇州府長洲縣	民
22	周子文	三甲	直隸蘇州府長洲縣	民
23	寧中立	三甲	河南潁川衛	官
24	張應揚	三甲	直隸徽州府休寧縣	民
25	王有功	三甲	直隸蘇州府吳江縣	軍
26	俞士章	三甲	直隸常州府宜興縣	民
27	何必麟	三甲	直隸安慶府太湖縣	民
28	蔣應震	三甲	直隸常州府宜興縣	民
29	楊應聘	三甲	直隸鳳陽府懷遠縣	民
30	沈昌期	三甲	直隸蘇州府太倉州	軍
31	程文	三甲	應天府上元縣	民
32	韓光曙	三甲	直隸蘇州衛	軍
33	梅鶡祚	三甲	直隸寧國府宣城縣	軍
34	華廷詔	三甲	直隸常州府無錫縣	軍
35	張貞觀	三甲	直隸徐州沛縣	民
36	時偕行	三甲	直隸蘇州府嘉定縣	民
37	夏之臣	三甲	直隸鳳陽府亳州	民

38	徐常吉	三甲	直隸常州府武進縣	民
39	陳汝麟	三甲	直隸徐州衛	軍
40	陳舜仁	三甲	應天府上元縣	民
41	袁一驤	三甲	直隸常州府江陰縣	民
42	龔聞道	三甲	直隸蘇州府常熟縣	民
43	徐應聘	三甲	直隸蘇州府崑山縣	民
44	嚴貞度	三甲	直隸蘇州府嘉定縣	民
45	田勱	三甲	河南潁川衛	軍
46	汪道亨	三甲	直隸安慶府懷寧縣	匠

萬曆十四年丙戌科（1586）：南直隸籍進士共 55 名〔註69〕

序號	姓　名	甲　次	現籍地	籍
1	唐文獻	一甲	直隸松江府華亭縣	匠
2	吳應賓	二甲	直隸安慶府桐城縣	民
3	沈瓚	二甲	直隸蘇州府吳江縣	軍
4	陸大成	二甲	直隸蘇州府太倉州	軍
5	姚尚德	二甲	直隸蘇州府長洲縣	民
6	顧雲鳳	二甲	直隸蘇州府常熟縣	民
7	蒲士衡	二甲	直隸蘇州府太倉州	匠
8	諸壽賢	二甲	直隸蘇州府崑山縣	民
9	徐堯莘	二甲	直隸安慶府潛山縣	民
10	梅守峻	二甲	直隸寧國府宣城縣	軍
11	龔道立	二甲	直隸常州府武進縣	軍
12	於仕廉	二甲	直隸鎮江府金壇縣	軍
13	章憲文	二甲	直隸松江府華亭縣	匠
14	王就學	二甲	直隸常州府武進縣	民
15	黃道月	三甲	直隸廬州府合肥縣	民
16	安希范	三甲	直隸常州府無錫縣	民
17	何淳之	三甲	南京留守左衛	軍
18	程子鈇	三甲	直隸徽州府歙縣	民
19	盛世翼	三甲	直隸安慶府桐城縣	民
20	褚國賢	三甲	直隸常州府武進縣	軍

〔註69〕史料依據為《萬曆十四年進士同年總錄》《碑錄》。

21	顧時化	三甲	直隸蘇州府長洲縣	民
22	葉重第	三甲	直隸蘇州府吳江縣	民
23	張令聞	三甲	直隸常州府江陰縣	軍
24	蔡淑逵	三甲	直隸廬州府合肥縣	匠
25	顧允元	三甲	直隸蘇州府崑山縣	民
26	沈天啟	三甲	南京寶源局	匠
27	韓文	三甲	直隸常州府無錫縣	民
28	顏文選	三甲	直隸寧國府宣城縣	軍
29	張輔之	三甲	直隸蘇州府太倉州	民
30	顧龍禎	三甲	直隸常州府無錫縣	民
31	吳中明	三甲	直隸徽州府歙縣	民
32	邵鑾	三甲	直隸蘇州府常熟縣	民
33	袁光宇	三甲	直隸蘇州府常熟縣	民
34	金繼震	三甲	直隸徽州府休寧縣	民
35	劉源澄	三甲	直隸常州府無錫縣	軍
36	錢允元	三甲	直隸蘇州府吳縣	民
37	方大美	三甲	直隸安慶府桐城縣	軍
38	徐元正	三甲	直隸蘇州府吳縣	民
39	李大武	三甲	直隸蘇州衛	軍
40	毛壽南	三甲	直隸蘇州府吳江縣	民
41	王嘉賓	三甲	直隸滁州來安縣	民
42	吳應明	三甲	直隸徽州府歙縣	民
43	柴堯年	三甲	直隸蘇州府崑山縣	民
44	楊伯柯	三甲	直隸大河衛	軍
45	陸經	三甲	直隸蘇州府長洲縣	民
46	顧允成	三甲	直隸常州府無錫縣	民
47	周嗣哲	三甲	直隸蘇州衛	軍
48	徐夢麟	三甲	直隸寧國府宣城縣	民
49	盛稔	三甲	直隸揚州府儀真縣	民
50	吳之望	三甲	直隸鎮江府丹徒縣	民
51	張斗	三甲	直隸徐州沛縣	民
52	周玄暐	三甲	直隸蘇州府崑山縣	民
53	婁希亮	三甲	直隸常州府無錫縣	軍
54	董肇胤	三甲	應天府江寧縣	民
55	葉煒	三甲	直隸寧國府宣城縣	軍

萬曆十七年己丑科（1589）：南直隸籍進士共 56 名〔註70〕

序號	姓　　名	甲　次	現籍地	籍
1	焦竑	一甲	南京旗手衛	軍
2	董其昌	二甲	直隸松江府華亭縣	民
3	張世才	二甲	直隸淮安府山陽縣	民
4	唐儆純	二甲	直隸常州府宜興縣	民
5	何湛之	二甲	南京留守左衛	軍
6	吳正志	二甲	直隸常州府宜興縣	民
7	殷廷樞	二甲	直隸松江府華亭縣	民
8	葉茂才	二甲	直隸常州府無錫縣	民
9	陳所蘊	二甲	直隸松江府華亭縣	灶
10	王士騏	二甲	直隸蘇州府太倉州	軍
11	周繼昌	二甲	直隸常州府無錫縣	民
12	朱世節	二甲	直隸蘇州府崑山縣	民
13	陳孟履	二甲	直隸蘇州府崑山縣	民
14	王禹聲	二甲	直隸蘇州府長洲縣	民
15	陳納陛	二甲	直隸常州府宜興縣	民
16	洪文衡	二甲	直隸徽州府歙縣	民
17	衛勳	三甲	直隸蘇州府吳縣	民
18	王孝	三甲	直隸蘇州府吳縣	民
19	陸彥章	三甲	直隸松江府華亭縣	民
20	潘守正	三甲	直隸常州府宜興縣	民
21	方大鎮	三甲	直隸安慶府桐城縣	軍
22	李叔春	三甲	直隸松江府上海縣	民
23	姜志禮	三甲	直隸鎮江府丹陽縣	軍
24	葉永盛	三甲	直隸寧國府涇縣	軍
25	儲昌祚	三甲	直隸常州府宜興縣	民
26	黃元勳	三甲	直隸蘇州府太倉州	民
27	朱正色	三甲	直隸松江府上海縣	民
28	王林亨	三甲	直隸蘇州府崑山縣	民
29	沈麟祥	三甲	直隸蘇州府崑山縣	匠
30	汪先岸	三甲	直隸徽州府休寧縣	民

〔註70〕史料依據為《萬曆十七年進士履歷便覽》《碑錄》。

31	袁九皋	三甲	直隸揚州府通州	民
32	蔣良鼎	三甲	直隸常州府武進縣	軍
33	汪以時	三甲	直隸徽州府婺源縣	民
34	吳炯	三甲	直隸松江府華亭縣	民
35	葉士標	三甲	直隸常州府無錫縣	民
36	李先芳	三甲	直隸蘇州府嘉定縣	民
37	徐維濂	三甲	直隸蘇州府崑山縣	民
38	王肯堂	三甲	直隸鎮江府金壇縣	民
39	黃全初	三甲	直隸徽州府歙縣	民
40	宗名世	三甲	直隸揚州府興化縣	灶
41	錢桓	三甲	直隸蘇州府太倉州	民
42	梅守相	三甲	直隸寧國府宣城縣	軍
43	李朝寅	三甲	直隸鳳陽府霍邱縣	民
44	楊應文	三甲	直隸常州府無錫縣	軍
45	游朋孚	三甲	直隸徽州府婺源縣	民
46	吳棐	三甲	直隸淮安府山陽縣	民
47	孫文龍	三甲	直隸蘇州府太倉州	民
48	薛敷教	三甲	直隸常州府武進縣	民
49	章士雅	三甲	直隸蘇州府吳縣	民
50	汪可進	三甲	直隸徽州府歙縣	軍
51	陳幼學	三甲	直隸常州府無錫縣	民
52	姚孟昱	三甲	直隸太平府繁昌縣	軍
53	儲純臣	三甲	直隸蘇州府吳江縣	匠
54	劉一臨	三甲	直隸淮安府山陽縣	匠
55	高攀龍	三甲	直隸常州府無錫縣	民
56	蔣應芝	三甲	直隸宿州衛	軍

萬曆二十年壬辰科（1592）：南直隸籍進士共 48 名〔註71〕

序號	姓　名	甲　次	現籍地	籍
1	顧天埈	一甲	直隸蘇州府崑山縣	民
2	吳默	二甲	直隸蘇州府吳江縣	軍
3	馮體乾	二甲	直隸鎮江府金壇縣	軍

〔註71〕史料依據為《碑錄》。

4	楊繼禮	二甲	直隸松江府華亭縣	軍
5	賈岩	二甲	南京廣武衛	軍
6	陸化淳	二甲	直隸蘇州府常熟縣	民
7	朱家法	二甲	直隸松江府上海縣	軍
8	李尚袞	二甲	直隸松江府上海縣	民
9	徐來儀	二甲	直隸揚州府興化縣	軍
10	馮應京	二甲	直隸泗州衛	軍
11	高登明	三甲	直隸寧國府宣城縣	匠
12	深時來	三甲	直隸松江府華亭縣	民
13	吳用先	三甲	直隸安慶府桐城縣	民
14	周士英	三甲	直隸常州府武進縣	民
15	湯兆京	三甲	直隸常州府宜興縣	軍
16	胡國鑑	三甲	直隸寧國府宣城縣	軍
17	楊材	三甲	直隸寧國府懷寧縣	民
18	胡玠	三甲	直隸徽州府休寧縣	民
19	翁憲祥	三甲	直隸蘇州府常熟縣	民
20	金忠士	三甲	直隸安慶府宿松縣	民
21	胡澄	三甲	直隸常州府武進縣	民
22	王文爟	三甲	直隸寧國府涇縣	民
23	劉純仁	三甲	直隸常州府武進縣	軍
24	楊武烈	三甲	直隸徽州府歙縣	軍
25	丁鴻陽	三甲	直隸鎮江府丹陽縣	民
26	厲昌謨	三甲	南京龍江左衛	軍
27	張應泰	三甲	直隸寧國府涇縣	軍
28	寶子俌	三甲	直隸廬州府合肥縣	民
29	吳士奇	三甲	直隸徽州府歙縣	民
30	劉伯輝	三甲	直隸安慶府懷寧縣	軍
31	鐘鳴陛	三甲	直隸鎮江府丹陽縣	民
32	張應望	三甲	應天府高淳縣	軍
33	汪鳴鸞	三甲	直隸徽州府婺源縣	民
34	沈鳳翔	三甲	南京旗手衛	軍
35	顧自植	三甲	直隸蘇州府吳江縣	民
36	堵維垣	三甲	直隸常州府無錫縣	民
37	管廷節	三甲	直隸蘇州府長洲縣	民

38	王在晉	三甲	直隸蘇州府太倉州	民
39	吳海鼇	三甲	直隸常州府無錫縣	軍
40	唐之屏	三甲	直隸松江府華亭縣	民
41	張鶴鳴	三甲	河南潁川衛	軍
42	金士衡	三甲	直隸蘇州府長洲縣	民
43	顧言	三甲	直隸常州府江陰縣	民
44	余懋衡	三甲	直隸徽州府婺源縣	民
45	李名芳	三甲	直隸蘇州府嘉定縣	民
46	崔廷健	三甲	直隸寧國府太平縣	民
47	史弼	三甲	直隸鎮江府金壇縣	民
48	潘諡	三甲	直隸太平府當塗縣	民

萬曆二十三年乙未科（1595）：南直隸籍進士共 61 名 [註72]

序號	姓　名	甲　次	現籍地	籍
1	朱之蕃	一甲	南京錦衣衛	軍
2	湯賓尹	一甲	直隸寧國府宣城縣	軍
3	孫慎行	一甲	直隸常州府武進縣	官
4	徐希孟	二甲	直隸鎮江府丹陽縣	民
5	范允臨	二甲	直隸松江府華亭縣	民
6	劉觀文	二甲	直隸鎮江府丹徒縣	民
7	丁遂	二甲	應天府江浦縣	民
8	顧秉謙	二甲	直隸蘇州府崑山縣	民
9	謝存仁	二甲	直隸徽州府祁門縣	民
10	張其廉	二甲	直隸蘇州府嘉定縣	民
11	劉元珍	二甲	直隸蘇州府無錫縣	民
12	鮑應鼇	二甲	直隸徽州府歙縣	民
13	施善教	二甲	直隸寧國府南陵縣	民
14	張文暉	二甲	南京金吾後衛	軍
15	徐如珂	二甲	直隸蘇州府吳縣	民
16	胡瓚	二甲	直隸安慶府桐城縣	匠
17	吳進行	三甲	直隸常州府宜興縣	民
18	夏景華	三甲	直隸松江府上海縣	民

〔註72〕史料依據為《碑錄》。

19	李景春	三甲	應天府上元縣	民
20	檀之堅	三甲	直隸池州府建德縣	民
21	李當泰	三甲	直隸鳳陽府泗州	署
22	葉鳳翔	三甲	直隸徽州府婺源縣	民
23	汪國楠	三甲	直隸徽州府婺源縣	民
24	周應秋	三甲	直隸鎮江府金壇縣	民
25	畢懋良	三甲	直隸徽州府歙縣	民
26	陳于廷	三甲	直隸常州府宜興縣	民
27	周元	三甲	應天府上元縣	民
28	徐天寵	三甲	直隸揚州府江都縣	民
29	洪養蒙	三甲	直隸徽州府歙縣	民
30	杜士全	三甲	直隸松江府上海縣	軍
31	寧瑞鯉	三甲	直隸廣德州	民
32	劉九光	三甲	河南潁川衛	軍
33	汪冀夔	三甲	直隸寧國府南陵縣	民
34	汪尚誼	三甲	直隸徽州府婺源縣	民
35	沈琦	三甲	直隸蘇州府吳江縣	軍
36	王一楨	三甲	直隸池州府青陽縣	民
37	江起鵬	三甲	直隸徽州府婺源縣	民
38	陸彥楨	三甲	直隸松江府華亭縣	民
39	洪都	三甲	直隸松江府青浦縣	民
40	程寰	三甲	直隸徽州府歙縣	民
41	李鴻	三甲	直隸蘇州府長洲縣	民
42	戴士琳	三甲	直隸松江府上海縣	民
43	錢九思	三甲	直隸鳳陽府盱眙縣	民
44	洪世俊	三甲	直隸徽州府歙縣	民
45	王孫熙	三甲	直隸松江府華亭縣	民
46	高承祚	三甲	直隸松江府華亭縣	民
47	汪元功	三甲	直隸徽州府歙縣	民
48	李中立	三甲	直隸松江府上海縣	軍
49	沈琉	三甲	直隸蘇州府吳江縣	軍
50	胡思仲	三甲	直隸徽州府婺源縣	民
51	吳一新	三甲	直隸徽州府歙縣	民
52	薛遠兗	三甲	直隸常州府武進縣	民

53	鄭振先	三甲	直隸常州府武進縣	民
54	張鶴騰	三甲	河南潁川衛	軍
55	華鈺	三甲	直隸鎮江府丹徒縣	匠
56	陳允堅	三甲	直隸蘇州府長洲縣	民
57	張本嘉	三甲	直隸松江府華亭縣	民
58	管橘	三甲	直隸寧國府南陵縣	民
59	吳宗堯	三甲	直隸徽州府歙縣	民
60	柴大履	三甲	直隸蘇州府崑山縣	民
61	趙元吉	三甲	直隸盧州府合肥縣	軍

萬曆二十六年丁未科（1598）：南直隸籍進士共 54 名〔註73〕

序號	姓　名	甲　次	現籍地	籍
1	顧起元	一甲	應天府江寧縣	民
2	梅守和	二甲	直隸寧國府宣城縣	軍
3	何如寵	二甲	直隸安慶府桐城縣	民
4	崔師訓	二甲	直隸寧國府太平縣	民
5	程鉉	二甲	直隸徽州府歙縣	民
6	洪翼聖	二甲	直隸徽州府歙縣	民
7	李思誠	二甲	直隸揚州府興化縣	民
8	呂昌期	二甲	應天府溧陽縣	民
9	陳嗣元	二甲	直隸松江府青浦縣	民
10	朱一馮	二甲	直隸揚州府泰興縣	民
11	阮以鼎	二甲	直隸安慶府桐城縣	民
12	周道登	二甲	直隸蘇州府吳江縣	民
13	范鳳翼	二甲	直隸揚州府通州	民
14	何慶元	二甲	直隸盧州府六安州	民
15	何如申	二甲	直隸安慶府桐城縣	民
16	畢懋康	三甲	直隸徽州府歙縣	民
17	王養俊	三甲	直隸廣德州	民
18	卜履吉	三甲	應天府江寧縣	民
19	阮自華	三甲	直隸安慶府桐城縣	民
20	劉光復	三甲	直隸池州府青陽縣	民

〔註73〕史料依據為《碑錄》。

21	劉嘉猷	三甲	直隸松江府上海縣	民
22	姚永濟	三甲	直隸松江府上海縣	民
23	鄭三俊	三甲	直隸池州府建德縣	民
24	汪懷德	三甲	直隸徽州府婺源縣	民
25	張履正	三甲	直隸常州府江陰縣	民
26	李元調	三甲	直隸寧國府太平縣	軍
27	程希道	三甲	直隸廬州府舒城縣	軍
28	徐大望	三甲	直隸寧國府宣城縣	民
29	黃一騰	三甲	直隸寧國府寧國縣	軍
30	翁愈祥	三甲	直隸蘇州府常熟縣	民
31	章元衡	三甲	直隸松江府華亭縣	匠
32	程克顯	三甲	直隸徽州府婺源縣	民
33	游漢龍	三甲	直隸徽州府婺源縣	軍
34	劉仲斗	三甲	直隸寧國府宣城縣	民
35	沈從本	三甲	直隸蘇州府常熟縣	民
36	宋之楨	三甲	直隸廬州府六安州	民
37	毛堪	三甲	直隸蘇州府吳縣	民
38	王之屏	三甲	直隸武平衛	軍
39	魏成忠	三甲	應天府高淳縣	民
40	馬孟禎	三甲	直隸安慶府桐城縣	民
41	張師繹	三甲	直隸常州府武進縣	軍
42	周士龍	三甲	直隸常州府武進縣	民
43	何棟如	三甲	南京留守左衛	軍
44	吳玄	三甲	直隸常州府宜興縣	民
45	劉濟	三甲	直隸廬州府合肥縣	匠
46	黃建中	三甲	直隸揚州府興化縣	軍
47	顧士琦	三甲	直隸蘇州府太倉州	民
48	陸崇禮	三甲	直隸蘇州府常熟縣	民
49	韓國藩	三甲	南京鷹揚衛	軍
50	顧啟元	三甲	直隸蘇州府嘉定縣	民
51	須之彥	三甲	直隸蘇州府嘉定縣	軍
52	潘之祥	三甲	直隸徽州府婺源縣	民
53	張大咸	三甲	直隸蘇州府吳縣	民
54	何士晉	三甲	直隸常州府宜興縣	民

萬曆二十九年辛丑科（1601）：南直隸籍進士共 47 名〔註74〕

序號	姓　名	甲　次	現籍地	籍
1	張以誠	一甲	直隸松江府青浦縣	民
2	王衡	一甲	直隸蘇州府太倉州	民
3	龔三益	二甲	直隸常州府武進縣	民
4	張所望	二甲	直隸松江府上海縣	民
5	徐大用	二甲	直隸鎮江府丹徒縣	民
6	吳澄時	二甲	直隸常州府無錫縣	軍
7	李胤昌	二甲	直隸蘇州府崑山縣	民
8	姚履素	二甲	應天府上元縣	匠
9	葛錫璠	二甲	直隸蘇州府崑山縣	民
10	陳一教	二甲	直隸常州府宜興縣	民
11	洪佐聖	二甲	直隸徽州府歙縣	民
12	林鳳鳴	二甲	直隸松江府青浦縣	民
13	錢策	二甲	直隸廬州府無為州	匠
14	瞿汝說	二甲	直隸蘇州府常熟縣	匠
15	徐禎稷	三甲	直隸松江府華亭縣	民
16	吳亮	三甲	直隸常州府武進縣	民
17	眭石	三甲	直隸鎮江府丹陽縣	民
18	崔淐	三甲	直隸太平府蕪湖縣	民
19	王世仁	三甲	直隸蘇州府長洲縣	民
20	王胤昌	三甲	直隸常州府武進縣	民
21	呂純如	三甲	直隸蘇州府吳江縣	民
22	趙士諤	三甲	直隸蘇州府吳江縣	民
23	王應乾	三甲	直隸淮安府睢寧縣	民
24	李守俊	三甲	直隸常州府宜興縣	民
25	周應俳	三甲	直隸蘇州府吳江縣	民
26	王義民	三甲	直隸常州府江陰縣	軍
27	李徵儀	三甲	直隸廣德州	軍
28	何琪枝	三甲	直隸蘇州府崑山縣	民
29	汪起鳳	三甲	直隸蘇州府吳縣	軍
30	朱萬春	三甲	直隸廬州府無為州	軍

〔註74〕史料依據為《萬曆二十九年進士登科錄》。

31	徐待聘	三甲	直隸蘇州府常熟縣	軍
32	史樹德	三甲	直隸鎮江府金壇縣	民
33	劉永澄	三甲	直隸揚州府寶應縣	民
34	楊日森	三甲	直隸池州府貴池縣	軍
35	楊成喬	三甲	直隸太平府當塗縣	軍
36	程汝繼	三甲	直隸徽州府婺源縣	民
37	程子鏊	三甲	直隸徽州府歙縣	民
38	潘汝楨	三甲	直隸安慶府桐城縣	軍
39	丁天毓	三甲	直隸常州府宜興縣	民
40	徐鏌	三甲	直隸蘇州府長洲縣	軍
41	李時彥	三甲	應天府上元縣	民
42	吳光義	三甲	直隸廬州府無為州	民
43	濮陽春	三甲	直隸寧國府宣城縣	民
44	張國維	三甲	直隸蘇州府吳縣	民
45	姚之蘭	三甲	直隸安慶府桐城縣	民
46	姚汝化	三甲	直隸蘇州府太倉州	民
47	姚若水	三甲	直隸安慶府桐城縣	民

萬曆三十二年甲辰科（1604）：南直隸籍進士共 58 名 [註75]

序號	姓　名	甲　次	現籍地	籍
1	吳宗達	一甲	直隸常州府武進縣	民
2	戴耆顯	二甲	直隸安慶府桐城縣	民
3	鄭棟	二甲	直隸松江府華亭縣	民
4	荊之琦	二甲	直隸鎮江府丹陽縣	軍
5	張京元	二甲	直隸揚州府泰興縣	民
6	吳友賢	二甲	直隸常州府宜興縣	民
7	史啟元	二甲	直隸揚州府江都縣	民
8	馬人龍	二甲	直隸安慶府太湖縣	民
9	戴新	二甲	直隸寧國府南陵縣	民
10	胡允范	二甲	直隸池州府貴池縣	民
11	黃體仁	二甲	直隸松江府上海縣	民
12	王善繼	二甲	直隸松江府華亭縣	民

〔註75〕史料依據為《萬曆三十二年進士登科錄》。

13	吳汝顯	二甲	直隸徽州府歙縣	民
14	錢時俊	二甲	直隸蘇州府常熟縣	民
15	高登龍	二甲	直隸淮安府山陽縣	民
16	張守道	二甲	直隸寧國府宣城縣	民
17	吳國仕	二甲	直隸徽州府歙縣	民
18	周鉉	三甲	直隸常州府武進縣	匠
19	張鼎	三甲	直隸松江府華亭縣	民
20	馮曾欑	三甲	直隸鎮江府金壇縣	軍
21	李凌雲	三甲	直隸松江府華亭縣	民
22	華玄褆	三甲	直隸常州府無錫縣	民
23	徐光啟	三甲	直隸松江府上海縣	民
24	劉胤昌	三甲	直隸安慶府桐鄉縣	民
25	錢春	三甲	直隸常州府武進縣	民
26	朱應鵬	三甲	直隸太平府當塗縣	軍
27	鮑際明	三甲	直隸常州府無錫縣	民
28	王遇賓	三甲	直隸蘇州府崑山縣	民
29	趙一韓	三甲	直隸廬州府無為州巢縣	民
30	王繼美	三甲	直隸揚州府興化縣	民
31	談自省	三甲	直隸鎮江府丹徒縣	民
32	周炳謨	三甲	直隸常州府無錫縣	軍
33	余懋孳	三甲	直隸徽州府婺源縣	民
34	毛以燉	三甲	直隸蘇州府吳江縣	民
35	盧謙	三甲	直隸廬州府廬江縣	軍
36	楊公翰	三甲	應天府溧水縣	民
37	方道通	三甲	直隸徽州府歙縣	民
38	凌漢翀	三甲	直隸蘇州府長洲縣	民
39	程國祥	三甲	應天府上元縣	民
40	吳應琦	三甲	直隸安慶府桐城縣	民
41	陸問禮	三甲	直隸蘇州府常熟縣	民
42	李尉	三甲	直隸鎮江府丹徒縣	民
43	周光祖	三甲	直隸蘇州府崑山縣	民
44	周延侍	三甲	直隸鎮江府丹徒縣	民
45	萬崇德	三甲	直隸徐州	民
46	汪世東	三甲	直隸徽州府歙縣	民

47	朱邦楨	三甲	直隸蘇州府吳縣	民
48	吳爾成	三甲	直隸松江府青浦縣	灶
49	魏應嘉	三甲	直隸揚州府興化縣	民
50	李萬化	三甲	直隸太平府繁昌縣	軍
51	孫養正	三甲	直隸蘇州府吳江縣	軍
52	惲厥初	三甲	直隸常州府武進縣	民
53	陸卿榮	三甲	直隸常州府武進縣	民
54	沈珣	三甲	直隸蘇州府吳江縣	軍
55	陶人群	三甲	應天府溧陽縣	軍
56	張泰階	三甲	直隸徽州府歙縣	民
57	韓仲雍	三甲	應天府高淳縣	軍
58	張翼軫	三甲	直隸松江府華亭縣	民

萬曆三十五年丁未科（1607）：南直隸籍進士共 49 名〔註76〕

序號	姓　名	甲　次	現籍地	籍
1	劉汝佳	二甲	直隸廬州府無為州	軍
2	袁思明	二甲	直隸松江府華亭縣	軍
3	錢龍錫	二甲	直隸松江府華亭縣	民
4	沈正宗	二甲	直隸蘇州府吳江縣	民
5	鄒志隆	二甲	直隸常州府武進縣	民
6	余大成	二甲	應天府江寧縣	民
7	董承詔	三甲	直隸常州府武進縣	軍
8	鄭茂華	三甲	直隸揚州府江都縣	商
9	顧大章	三甲	直隸蘇州府常熟縣	民
10	王名登	三甲	應天府溧水縣	民
11	楊萬里	三甲	直隸松江府上海縣	民
12	陸完學	三甲	直隸常州府武進縣	民
13	何南金	三甲	直隸揚州府泰興縣	民
14	賈先春	三甲	直隸高郵衛	軍
15	李時榮	三甲	直隸松江府上海縣	民
16	馮士豪	三甲	直隸常州府無錫	民
17	姚之騏	三甲	直隸安慶府桐城縣	民

〔註76〕史料依據為《萬曆三十五年進士登科錄》。

18	陳舜道	三甲	直隸蘇州府嘉定縣	民
19	張肇林	三甲	直隸松江府上海縣	民
20	史垂則	三甲	直隸常州府宜興縣	民
21	倪應眷	三甲	直隸安慶府桐城縣	軍
22	湯啟燁	三甲	直隸常州府宜興縣	官
23	左光斗	三甲	直隸安慶府桐城縣	民
24	李逢節	三甲	直隸蘇州府長洲縣	民
25	殷宗器	三甲	直隸徽州府歙縣	民
26	劉有源	三甲	直隸寧國府南陵縣	民
27	喬拱壁	三甲	直隸松江府上海縣	灶
28	丁紹軾	三甲	直隸池州府貴池縣	民
29	仙克謹	三甲	直隸寧國府寧國縣	民
30	洪輔聖	三甲	直隸徽州府歙縣	民
31	薛敷政	三甲	直隸常州府武進縣	民
32	虞大復	三甲	直隸鎮江府金壇縣	民
33	虞德隆	三甲	直隸鎮江府金壇縣	民
34	倪思輝	三甲	直隸徽州府祁門縣	民
35	屠玄極	三甲	直隸寧國府寧國縣	民
36	劉錫玄	三甲	直隸蘇州府長洲縣	民
37	濮中玉	三甲	直隸廬州府舒城縣	匠
38	吳晹	三甲	直隸常州府武進縣	軍
39	王納諫	三甲	直隸揚州府江都縣	民
40	陸大受	三甲	直隸常州府武進縣	軍
41	徐鳳翔	三甲	應天府江寧縣	民
42	陸獻明	三甲	直隸蘇州府太倉州	民
43	李文郁	三甲	直隸廬州府合肥縣	民
44	金元嘉	三甲	直隸蘇州府吳江縣	民
45	蔣謹	三甲	直隸常州府江陰縣	民
46	周泰峙	三甲	直隸鎮江府金壇縣	民
47	許鼎臣	三甲	直隸常州府武進縣	民
48	華敦復	三甲	直隸常州府無錫縣	軍
49	舒榮都	三甲	直隸徽州府黟縣	民

萬曆三十八年庚戌科（1610）：南直隸籍進士共 45 名〔註 77〕

序號	姓　名	甲　次	現籍地	籍
1	錢謙益	一甲	直隸蘇州府常熟縣	民
2	任國楨	二甲	直隸安慶府懷寧縣	官
3	鄭振光	二甲	直隸常州府武進縣	民
4	鄒之麟	二甲	直隸常州府武進縣	民
5	金汝嘉	二甲	直隸蘇州府長洲縣	民
6	吳瑞徵	二甲	直隸蘇州府吳江縣	匠
7	陳於寧	二甲	直隸蘇州府吳縣	民
8	孫枝芳	二甲	直隸蘇州府吳江縣	民
9	王志堅	二甲	直隸蘇州府太倉州	民
10	祝可仕	二甲	直隸太平府當塗縣	民
11	賀烺	二甲	直隸鎮江府丹陽縣	軍
12	唐公靖	三甲	直隸寧國府宣城縣	軍
13	沈有則	三甲	直隸寧國府宣城縣	軍
14	尹嘉賓	三甲	直隸常州府江陰縣	民
15	吳奕	三甲	直隸常州府武進縣	民
16	喬時敏	三甲	直隸松江府上海縣	軍
17	汪泗論	三甲	直隸徽州府休寧縣	軍
18	莊起元	三甲	直隸常州府武進縣	民
19	莊廷臣	三甲	直隸常州府武進縣	民
20	侯震暘	三甲	直隸蘇州府嘉定縣	民
21	潘大儒	三甲	直隸松江府上海縣	灶
22	朱國盛	三甲	直隸松江府華亭縣	灶
23	夏嘉遇	三甲	直隸松江府華亭縣	民
24	賈允元	三甲	直隸常州府無錫縣	軍
25	捨合中	三甲	直隸池州府銅陵縣	軍
26	程策	三甲	直隸徽州府休寧縣	民
27	江秉謙	三甲	直隸徽州府歙縣	民
28	徐騰芳	三甲	直隸寧國府宣城縣	儒
29	陳萬善	三甲	應天府高淳縣	軍
30	馮汝京	三甲	直隸寧國府宣城縣	軍

〔註 77〕史料依據為《萬曆三十八年進士登科錄》。

31	李茂英	三甲	直隸揚州府寶應縣	軍
32	史孔吉	三甲	應天府溧陽縣	官
33	顧起鳳	三甲	應天府江寧縣	民
34	李一公	三甲	直隸太平府繁昌縣	民
35	陳睿謨	三甲	直隸常州府武進縣	民
36	唐暉	三甲	直隸徽州府歙縣	軍
37	王良臣	三甲	直隸蘇州府常熟縣	軍
38	汪元哲	三甲	應天府六合縣	民
39	王念祖	三甲	直隸常州府武進縣	民
40	陸燧	三甲	直隸松江府上海縣	民
41	錢士貴	三甲	直隸松江府青浦縣	灶
42	徐儀世	三甲	直隸常州府宜興縣	民
43	張秉文	三甲	直隸安慶府桐城縣	匠
44	戴元威	三甲	直隸蘇州府常熟縣	民
45	陳世埈	三甲	直隸蘇州府崑山縣	民

萬曆四十一年癸丑科（1613）：南直隸籍進士共60名〔註78〕

序號	姓　名	甲　次	現籍地	籍
1	周延儒	一甲	直隸常州府宜興縣	民
2	王庭梅	二甲	直隸松江府華亭縣	民
3	張魯唯	二甲	直隸蘇州府崑山縣	民
4	殷之輅	二甲	直隸寧國府宣城縣	匠
5	方大鉉	二甲	直隸安慶府桐城縣	軍
6	程玉潤	二甲	直隸蘇州府常熟縣	民
7	陳應元	二甲	應天府江浦縣	民
8	周之謨	二甲	直隸蘇州府嘉定縣	灶
9	熊秉鑑	二甲	直隸蘇州府吳縣	民
10	徐道登	二甲	直隸蘇州府吳縣	民
11	陳敏吾	二甲	直隸松江府華亭縣	民
12	陸化熙	二甲	直隸蘇州府常熟縣	民
13	黃元會	二甲	直隸蘇州府太倉州	民
14	葉燦	二甲	直隸安慶府桐城縣	民

〔註78〕史料依據為《碑錄》。

15	吳伯與	二甲	直隸寧國府宣城縣	儒
16	劉弘宇	二甲	直隸揚州府泰州	民
17	朱木洽	二甲	直隸松江府上海縣	軍
18	毛士龍	三甲	直隸常州府宜興縣	民
19	周順昌	三甲	直隸蘇州府吳縣	民
20	周鼎	三甲	直隸常州府宜興縣	民
21	沈應時	三甲	直隸常州府無錫縣	民
22	叚鏌	三甲	直隸鎮江府金壇縣	民
23	李繼貞	三甲	直隸蘇州府太倉州	民
24	黃文星	三甲	直隸安慶府潛山縣	民
25	秦延蒸	三甲	直隸常州府無錫縣	民
26	方震孺	三甲	直隸鳳陽府壽州	官
27	陳其柱	三甲	直隸蘇州府崑山縣	民
28	何早	三甲	直隸安慶府懷寧縣	民
29	陳必謙	三甲	直隸蘇州府常熟縣	匠
30	繆昌期	三甲	直隸常州府江陰縣	民
31	張爾嘉	三甲	直隸松江府青浦縣	民
32	孔貞時	三甲	應天府句容縣	儒
33	周之楨	三甲	直隸蘇州府長洲縣	民
34	喬時英	三甲	直隸松江府上海縣	軍
35	汪康謠	三甲	直隸徽州府休寧縣	軍
36	俞琬綸	三甲	直隸蘇州府長洲縣	民
37	吳牲	三甲	直隸揚州府興化縣	軍
38	白正蒙	三甲	直隸揚州府通州	民
39	趙士許	三甲	直隸蘇州府吳縣	民
40	楊惟和	三甲	直隸常州府武進縣	民
41	張捷	三甲	直隸鎮江府丹陽縣	民
42	徐揚先	三甲	應天府江寧縣	民
43	李精白	三甲	河南潁川衛	軍
44	王元瑞	三甲	直隸松江府青浦縣	民
45	胡如淳	三甲	直隸蘇州府吳縣	民
46	白貽忠	三甲	直隸常州府武進縣	民
47	徐憲卿	三甲	直隸蘇州府太倉州	民
48	董羽宸	三甲	直隸松江府上海縣	民

49	鄒忠胤	三甲	直隸常州府武進縣	民
50	趙時用	三甲	直隸揚州府江都縣	民
51	羅尚忠	三甲	直隸池州府青陽縣	民
52	周宗建	三甲	直隸蘇州府吳縣	民
53	朱大典	三甲	直隸蘇州府崑山縣	民
54	王建和	三甲	直隸貴州府池州	民
55	陸文獻	三甲	直隸蘇州府太倉州	民
56	解學龍	三甲	直隸揚州府興化縣	匠
57	寧繩武	三甲	直隸蘇州府吳江縣	民
58	吳之俊	三甲	直隸徽州府歙縣	民
59	劉琦名	三甲	直隸安慶府桐城縣	匠
60	王心一	三甲	直隸蘇州府吳縣	民

萬曆四十四年丙辰科（1616）：南直隸籍進士共 57 名〔註 79〕

序號	姓　名	甲　次	現籍地	籍
1	蔣如奇	二甲	直隸常州府宜興縣	民
2	林喬林	二甲	直隸松江府華亭縣	民
3	徐紹沆	二甲	直隸常州府宜興縣	民
4	許如蘭	二甲	直隸廬州府合肥縣	民
5	瞿士達	二甲	直隸常州府武進縣	民
6	方孔炤	二甲	直隸安慶府桐城縣	軍
7	詹應鵬	二甲	直隸寧國府宣城縣	匠
8	鄒嘉生	二甲	直隸常州府武進縣	民
9	吳叔度	二甲	直隸安慶府桐城縣	民
10	曹履吉	二甲	直隸太平府當塗縣	民
11	湯道衡	二甲	直隸鎮江府丹陽縣	軍
12	孫朝肅	二甲	直隸蘇州府常熟縣	民
13	張元芳	二甲	直隸揚州府興化縣	民
14	劉萬春	二甲	直隸揚州府泰州	民
15	舒崇功	二甲	直隸徽州府黟縣	民
16	姜士望	三甲	直隸揚州府儀真縣	民
17	彭汝諧	三甲	直隸蘇州府吳縣	軍

〔註 79〕史料依據為《碑錄》。

18	徐百朋	三甲	直隸松江府上海縣	民
19	阮大鋮	三甲	直隸安慶府桐城縣	民
20	丁明登	三甲	應天府江浦縣	民
21	陸康稷	三甲	直隸蘇州府吳縣	民
22	吳煥	三甲	直隸蘇州府吳縣	匠
23	吳尚默	三甲	直隸寧國府涇縣	民
24	汪元標	三甲	直隸徽州府歙縣	民
25	王政新	三甲	直隸鎮江府丹徒縣	民
26	張伯鯨	三甲	直隸揚州府江都縣	民
27	蔣允儀	三甲	直隸常州府宜興縣	民
28	胡士奇	三甲	直隸鳳陽府泗州天長縣	民
29	陳美道	三甲	南京興武衛	軍
30	方大任	三甲	直隸安慶府桐城縣	軍
31	方有度	三甲	直隸徽州府歙縣	民
32	莊應德	三甲	直隸常州府武進縣	民
33	許觀吉	三甲	直隸蘇州府崑山縣	民
34	丘可孫	三甲	直隸淮安衛	軍
35	殷懋新	三甲	直隸蘇州府嘉定縣	民
36	李應昇	三甲	直隸常州府江陰縣	民
37	顧天寵	三甲	直隸蘇州府崑山縣	民
38	張時暘	三甲	直隸太平府當塗縣	軍
39	沈猶龍	三甲	直隸松江府華亭縣	民
40	張履端	三甲	直隸松江府華亭縣	民
41	莫儼皋	三甲	直隸松江府華亭縣	民
42	許譽卿	三甲	直隸松江府華亭縣	民
43	徐復陽	三甲	直隸常州府武進縣	民
44	沈立義	三甲	直隸安慶府太湖縣	匠
45	江秉元	三甲	直隸徽州府婺源縣	民
46	王升	三甲	直隸松江府華亭縣	民
47	瞿式耜	三甲	直隸蘇州府常熟縣	匠
48	魏浣初	三甲	直隸蘇州府常熟縣	匠
49	申紹芳	三甲	直隸蘇州府長洲縣	民
50	李白春	三甲	直隸蘇州府崑山縣	民
51	汪應元	三甲	直隸徽州府歙縣	民

52	丁一鳴	三甲	直隸安慶府潛山縣	民
53	劉仲暘	三甲	直隸寧國府宣城縣	民
54	龔萃肅	三甲	直隸廬州府合肥縣	民
55	湯必選	三甲	直隸寧國府宣城縣	民
56	曹師稷	三甲	直隸常州府宜興縣	民
57	儲顯祚	三甲	直隸常州府宜興縣	民

萬曆四十七年己未科（1619）：南直隸籍進士共 46 名〔註80〕

序號	姓　名	甲　次	現籍地	籍
1	孔貞運	一甲	應天府句容縣	儒
2	蔣覲	二甲	直隸常州府宜興縣	民
3	陸卿任	二甲	直隸常州府武進縣	民
4	董象恒	二甲	直隸松江府華亭縣	民
5	張泰階	二甲	直隸松江府上海縣	民
6	吳淑	二甲	直隸鎮江府丹徒縣	民
7	陳所聞	二甲	直隸松江府青浦縣	民
8	白貽清	二甲	直隸常州府武進縣	民
9	王運昌	二甲	直隸蘇州府常熟縣	軍
10	茅崇修	二甲	直隸鎮江府丹徒縣	民
11	張瑋	二甲	直隸常州府武進縣	民
12	潘雲會	二甲	直隸松江府上海縣	民
13	王庭栢	二甲	直隸松江府華亭縣	民
14	陸文衡	二甲	直隸蘇州府吳江縣	民
15	倪文煥	三甲	直隸揚州府江都縣	民
16	陳懋德	三甲	直隸蘇州府崑山縣	民
17	湯齊	三甲	直隸常州府武進縣	軍
18	葉有聲	三甲	直隸松江府上海縣	民
19	李逢申	三甲	直隸松江府上海縣	軍
20	何應奎	三甲	直隸安慶府桐城縣	民
21	李吳滋	三甲	直隸蘇州府太倉州	軍
22	王之柱	三甲	直隸常州府武進縣	軍
23	貢修齡	三甲	直隸常州府江陰縣	民

〔註80〕史料依據為《碑錄》。

24	汪若極	三甲	直隸寧國府旌德縣	軍
25	徐廷宗	三甲	直隸池州府建德縣	民
26	趙東曦	三甲	直隸松江府上海縣	民
27	羅萬爵	三甲	直隸太平府蕪湖縣	民
28	顧宗孟	三甲	直隸蘇州府長洲縣	民
29	徐紹泰	三甲	直隸太平府當塗縣	軍
30	劉繼英	三甲	直隸壽州衛中所	軍
31	姚希孟	三甲	直隸蘇州府長洲縣	民
32	倪啟祚	三甲	直隸揚州府江都縣	民
33	顧錫疇	三甲	直隸蘇州府崑山縣	民
34	黃原素	三甲	直隸徽州府歙縣	民
35	王永祚	三甲	直隸蘇州府崑山縣	民
36	吳炳	三甲	直隸常州府宜興縣	民
37	鍾斗	三甲	直隸太平府當塗縣	民
38	周維持	三甲	直隸鎮江府金壇縣	民
39	李喬	三甲	應天府句容縣	民
40	汪邦杜	三甲	直隸蘇州府長洲縣	民
41	仇夢臺	三甲	直隸徽州府歙縣	匠
42	周詩雅	三甲	直隸常州府武進縣	民
43	陳振豪	三甲	直隸常州府無錫縣	民
44	王廷泰	三甲	直隸蘇州府長洲縣	匠
45	施元徵	三甲	直隸常州府無錫縣	醫
46	范文若	三甲	直隸松江府上海縣	民

天啟二年壬戌科（1622）：南直隸籍進士共 73 名〔註81〕

序號	姓　名	甲　次	現籍地	籍
1	文震孟	一甲	直隸蘇州府長洲縣	民
2	陳仁錫	一甲	直隸蘇州府長洲縣	民
3	董中行	二甲	直隸松江府華亭縣	民
4	齊心孝	二甲	直隸安慶府桐城縣	匠
5	秦堈	二甲	直隸常州府無錫縣	民
6	張方建	二甲	直隸松江府華亭縣	民

〔註81〕 史料依據為《碑錄》。

7	方一藻	二甲	直隸徽州府歙縣	民
8	徐申懋	二甲	直隸常州府宜興縣	民
9	張元玘	二甲	直隸松江府上海縣	民
10	朱長世	二甲	直隸松江府上海縣	民
11	邵名世	二甲	直隸常州府無錫縣	民
12	鄭郟	二甲	直隸常州府武進縣	民
13	姜玉菓	二甲	直隸揚州府通州	灶
14	倪嘉慶	二甲	應天府江寧縣	民
15	何萬化	二甲	直隸松江府青浦縣	民
16	夏大儒	二甲	直隸滁州來安縣	官
17	吳鳴虞	二甲	直隸常州府宜興縣	民
18	張有譽	二甲	直隸常州府江陰縣	民
19	陳調鼎	二甲	應天府高淳縣	民
20	江用世	二甲	直隸太倉衛	軍
21	華允誠	二甲	直隸蘇州府長洲縣	民
22	李化民	二甲	直隸揚州府高郵州	民
23	鮑自新	二甲	應天府溧陽縣	軍
24	盧象昇	二甲	直隸常州府宜興縣	民
25	於志舒	二甲	直隸揚州府泰州	民
26	徐石麒	二甲	直隸松江府青浦縣	民
27	聶慎行	二甲	直隸松江府華亭縣	民
28	陳獻策	三甲	應天府溧陽縣	軍
29	王養廉	三甲	河南潁川衛	旗
30	江秉忠	三甲	直隸徽州府婺源縣	民
31	姚士恒	三甲	直隸松江府華亭縣	灶
32	沈匡濟	三甲	直隸松江府青浦縣	民
33	解學夔	三甲	直隸揚州府興化縣	匠
34	王永吉	三甲	直隸常州府無錫縣	軍
35	許成章	三甲	直隸蘇州府長洲縣	民
36	姚孫榘	三甲	直隸安慶府桐城縣	軍
37	楊兆升	三甲	直隸常州府武進縣	軍
38	顧國寶	三甲	直隸揚州府通州	軍
39	倪嘉善	三甲	直隸安慶府桐城縣	民

40	曹可明	三甲	應天府句容縣	民
41	吳柔思	三甲	直隸常州府武進縣	民
42	沈應明	三甲	直隸蘇州府吳縣	民
43	馮明玠	三甲	直隸松江府青浦縣	民
44	潘有功	三甲	直隸蘇州府吳江縣	民
45	王相說	三甲	直隸揚州府泰州	軍
46	顧一讓	三甲	直隸常州府宜興縣	民
47	王一都	三甲	直隸鎮江府金壇縣	民
48	薛邦瑞	三甲	直隸鳳陽府亳州	軍
49	張昂之	三甲	直隸松江府華亭縣	民
50	陳三重	三甲	直隸鳳陽府靈璧縣	民
51	沈希韶	三甲	直隸太平府蕪湖縣	軍
52	張定志	三甲	直隸常州府宜興縣	民
53	施臺臣	三甲	直隸池州府青陽縣	民
54	史纘烈	三甲	直隸鎮江府金壇縣	官
55	顧其國	三甲	直隸蘇州府吳縣	民
56	馬如蛟	三甲	直隸和州	民
57	謝秉謙	三甲	直隸松江府青浦縣	民
58	郭建邦	三甲	直隸寧國府旌德縣	民
59	李世祺	三甲	直隸松江府青浦縣	民
60	李之椿	三甲	直隸揚州府如皋縣	民
61	趙洪范	三甲	直隸蘇州府嘉定縣	民
62	賈明佺	三甲	直隸常州府無錫縣	民
63	顧懋勳	三甲	直隸蘇州府常熟縣	民
64	許士柔	三甲	直隸蘇州府常熟縣	軍
65	湯本沛	三甲	直隸蘇州府長洲縣	匠
66	季寓庸	三甲	直隸揚州府泰興縣	軍
67	祁逢吉	三甲	直隸鎮江府金壇縣	民
68	喬可聘	三甲	直隸揚州府寶應縣	民
69	李一獻	三甲	直隸太平府繁昌縣	民
70	吳道昌	三甲	直隸滁州全椒縣	民
71	鄧鉉	三甲	直隸鎮江府金壇縣	民
72	湯啟娘	三甲	直隸常州府宜興縣	官
73	盛民衡	三甲	直隸鳳陽府定遠縣	民

天啟五年乙丑科（1625）：南直隸籍進士共 52 名〔註82〕

序號	姓　名	甲　次	現籍地	籍
1	華琪芳	一甲	直隸常州府無錫縣	民
2	余孔嘉	一甲	直隸徽州府歙縣	民
3	袁爌	二甲	直隸松江府華亭縣	灶
4	周士登	二甲	直隸常州府武進縣	匠
5	潘允諧	二甲	直隸揚州府通州	民
6	侯峒曾	二甲	直隸蘇州府嘉定縣	民
7	王敬錫	二甲	直隸鎮江府金壇縣	民
8	龐承寵	二甲	直隸蘇州府吳江縣	民
9	楊汝成	二甲	直隸松江府華亭縣	灶
10	曹應秋	二甲	直隸常州府宜興縣	民
11	單國祚	二甲	直隸松江府華亭縣	民
12	唐昌世	二甲	直隸松江府華亭縣	匠
13	管玉音	二甲	直隸松江府長洲縣	民
14	王夢錫	二甲	直隸鎮江府金壇縣	匠
15	吳道正	二甲	直隸常州府無錫縣	民
16	許國榮	三甲	直隸蘇州府太倉州	民
17	查曰俞	三甲	直隸寧國府涇縣	民
18	吳履中	三甲	直隸鎮江府金壇縣	民
19	劉光斗	三甲	直隸常州府武進縣	軍
20	徐日升	三甲	直隸常州府江陰縣	軍
21	葉紹顒	三甲	直隸蘇州府吳江縣	民
22	張魯得	三甲	直隸蘇州府崑山縣	民
23	馮雲起	三甲	直隸蘇州府長洲縣	民
24	葉紹袁	三甲	直隸蘇州府吳江縣	民
25	李模	三甲	直隸蘇州府太倉州	軍
26	陸元欽	三甲	直隸蘇州府崑山縣	民
27	程楷	三甲	直隸廬州府合肥縣	民
28	吳南灝	三甲	直隸常州府武進縣	民
29	李虛白	三甲	河南潁川衛	軍
30	王永吉	三甲	直隸高郵衛	軍

〔註82〕史料依據為《碑錄》。

31	湯一湛	三甲	直隸太平府蕪湖縣	民
32	包虞廷	三甲	直隸常州府武進縣	民
33	錢弘謨	三甲	直隸寧國府宣城縣	民
34	孫晉	三甲	直隸安慶府桐城縣	民
35	賀鼎	三甲	直隸鎮江府丹陽縣	民
36	張肯堂	三甲	直隸松江府華亭縣	民
37	高鳳翔	三甲	直隸鎮江府金壇縣	民
38	楊中玄	三甲	直隸揚州府興化縣	民
39	羅人望	三甲	直隸徽州府歙縣	民
40	趙之驊	三甲	應天府溧水縣	民
41	胡玉藩	三甲	直隸廬州府合肥縣	民
42	錢輝裔	三甲	應天府上元縣	匠
43	陳觀陽	三甲	直隸鎮江府丹徒縣	匠
44	項煜	三甲	直隸蘇州府吳縣	民
45	王揚基	三甲	直隸安慶府潛山縣	軍
46	陸卿正	三甲	直隸常州府武進縣	民
47	鹿獻陽	三甲	河南潁川衛	軍
48	唐一澄	三甲	直隸寧國府宣城縣	軍
49	吳士貞	三甲	直隸寧國府宜興縣	民
50	沈士奇	三甲	直隸蘇州府吳縣	民
51	吳家周	三甲	直隸和州	民
52	黃太玄	三甲	直隸揚州府泰州	民

崇禎元年戊辰科（1628）：南直隸籍進士共 70 名 [註83]

序號	姓　名	甲　次	現籍地	籍
1	劉若宰	一甲	直隸安慶府懷寧縣	民
2	管紹寧	一甲	直隸常州府武進縣	民
3	莊應會	二甲	直隸常州府武進縣	民
4	方拱乾	二甲	直隸安慶府桐城縣	民
5	陳于鼎	二甲	直隸常州府宜興縣	民
6	萬戶侯	二甲	直隸常州府武進縣	軍
7	吳起龍	二甲	直隸鎮江府丹徒縣	民

[註83] 史料依據為《碑錄》。

8	周昌儒	二甲	直隸常州府宜興縣	民
9	關引之	二甲	直隸太平府當塗縣	民
10	戚伸	二甲	直隸鳳陽府泗州	民
11	朱大受	二甲	直隸蘇州府崑山縣	民
12	葉重華	二甲	直隸蘇州府崑山縣	民
13	程世培	二甲	直隸徽州府休寧縣	民
14	周鑣	二甲	直隸鎮江府金壇縣	民
15	李恢先	二甲	直隸鎮江府金壇縣	匠
16	胡之竑	二甲	直隸常州府無錫縣	軍
17	路文范	二甲	直隸常州府宜興縣	民
18	顧燕詒	二甲	直隸蘇州府太倉州	民
19	汪全智	二甲	應天府六合縣	民
20	曹荃	二甲	直隸蘇州府長洲縣	民
21	許捷	二甲	直隸徽州府祁門縣	軍
22	路進	二甲	直隸常州府宜興縣	民
23	潘永圖	二甲	直隸鎮江府金壇縣	民
24	田用坤	三甲	河南潁川衛	軍
25	冒起宗	三甲	直隸揚州府如皋縣	軍
26	胡守恆	三甲	直隸廬州府舒城縣	民
27	張克佳	三甲	直隸廬州府無為州	民
28	姚思孝	三甲	直隸揚州府江都縣	民
29	張孫振	三甲	直隸廬州府霍山縣	民
30	張明熙	三甲	應天府句容縣	民
31	程子鐸	三甲	直隸徽州府歙縣	民
32	張采	三甲	直隸蘇州府太倉州	民
33	王懋仁	三甲	直隸鎮江府丹陽縣	民
34	宋學顯	三甲	直隸蘇州府吳縣	民
35	陳正中	三甲	直隸金山衛	軍
36	杜養正	三甲	直隸鳳陽府泗州	民
37	王允初	三甲	直隸常州府宜興縣	民
38	金光辰	三甲	直隸滁州全椒縣	軍
39	賀王盛	三甲	直隸鎮江府丹陽縣	軍

40	蔣煜	三甲	直隸常州府武進縣	醫
41	蔣燦	三甲	直隸蘇州府長洲縣	民
42	胡開文	三甲	直隸松江府華亭縣	民
43	胡開禧	三甲	直隸蘇州府崑山縣	民
44	施承緒	三甲	直隸池州府青陽縣	民
45	徐燿	三甲	直隸揚州府泰州	灶
46	朱天麟	三甲	直隸蘇州府崑山縣	民
47	李沾	三甲	直隸松江府華亭縣	民
48	李正春	三甲	直隸蘇州府太倉州	民
49	徐汧	三甲	直隸蘇州府長洲縣	民
50	解學尹	三甲	直隸揚州府興化縣	匠
51	楊四知	三甲	直隸廬州府六安州	民
52	王驥	三甲	直隸鎮江府丹徒縣	民
53	荊廷鈺	三甲	直隸鎮江府丹陽縣	民
54	張元始	三甲	直隸松江府上海縣	灶
55	余自怡	三甲	直隸徽州府婺源縣	民
56	孫日紹	三甲	直隸寧國府宣城縣	軍
57	孫育葵	三甲	直隸常州府江陰縣	民
58	莊元禎	三甲	直隸松江府華亭縣	民
59	韓一光	三甲	直隸安慶府懷寧縣	民
60	徐汝驥	三甲	直隸寧國府宣城縣	民
61	劉士名	三甲	直隸鳳陽府潁州	民
62	胡士昌	三甲	直隸池州府建德縣	民
63	許應弦	三甲	直隸常州府武進縣	民
64	王章	三甲	直隸常州府武進縣	民
65	汪偉	三甲	應天府江寧縣	民
66	潘世奇	三甲	應天府六合縣	軍
67	李嗣京	三甲	直隸揚州府興化縣	民
68	徐一范	三甲	應天府高淳縣	軍
69	徐纘會	三甲	直隸常州府無錫縣	民
70	黃襄	三甲	直隸常州府武進縣	軍

崇禎四年辛未科（1631）：南直隸籍進士共 80 名〔註84〕

序號	姓　名	甲　次	現籍地	籍
1	陳於泰	一甲	直隸常州府宜興縣	民
2	吳偉業	一甲	直隸蘇州府太倉州	民
3	夏曰瑚	一甲	直隸淮安府山陽縣	民
4	呂一經	二甲	直隸蘇州府吳	縣
5	杜麟徵	二甲	直隸松江府青浦	-
6	張秉貞	二甲	直隸安慶府桐城縣	民
7	劉呈瑞	二甲	直隸常州府武進縣	民
8	岳虞巒	二甲	直隸常州府武進縣	民
9	宋學珠	二甲	直隸蘇州府長洲縣	民
10	馬世奇	二甲	直隸常州府無錫縣	民
11	曹三用	二甲	直隸蘇州府太倉州	民
12	吳簡思	二甲	直隸常州府武進縣	民
13	劉朝讓	二甲	直隸蘇州府常熟縣	民
14	於穎	二甲	直隸鎮江府金壇縣	民
15	沈幾	二甲	直隸蘇州府長洲縣	民
16	薛寀	二甲	直隸蘇州府無錫縣	民
17	張世雍	二甲	直隸松江府青浦縣	-
18	凌必正	二甲	直隸蘇州府吳縣籍	-
19	徐天麟	二甲	直隸松江府上海縣	民
20	王孫蘭	二甲	直隸常州府無錫縣	民
21	吳禎	二甲	直隸松江府華亭縣	民
22	徐懋曙	二甲	直隸常州府宜興縣	民
23	於重慶	二甲	直隸鎮江府金壇縣	-
24	錢振先	二甲	直隸常州府無錫縣	民
25	趙康	二甲	直隸蘇州府吳江縣	民
26	錢位坤	二甲	直隸蘇州府長洲縣	民
27	戴昶	二甲	直隸安慶府懷寧縣	-
28	王期昇	二甲	直隸常州府宜興縣	-
29	吳士講	二甲	直隸廬州府合肥縣	民
30	張溥	三甲	直隸蘇州府太倉州	民

〔註84〕史料依據為《碑錄》。

31	夏儀	三甲	直隸廣德州	民
32	龔可楷	三甲	直隸常州府武進縣	-
33	葛樞	三甲	直隸鎮江府丹陽縣	民
34	錢增	三甲	直隸蘇州府太倉州	民
35	方士亮	三甲	直隸徽州府歙縣	民
36	馮祖望	三甲	直隸常州府武進縣	民
37	潘曾偉	三甲	應天府溧陽縣	民
38	江象乾	三甲	直隸常州府武進縣	民
39	陳九一	三甲	直隸安慶府懷寧縣	民
40	陸自岳	三甲	直隸常州府武進縣	民
41	吳其馴	三甲	直隸常州府無錫縣	民
42	鄭元禧	三甲	直隸揚州府儀真縣	民
43	曹宗璠	三甲	直隸鎮江府金壇縣	民
44	管正傳	三甲	直隸蘇州府長洲縣	-
45	於鉉	三甲	直隸鎮江府金壇縣	民
46	卜應聘	三甲	直隸鎮江府丹徒縣	民
47	周燦	三甲	直隸蘇州府吳江縣	民
48	汪國士	三甲	直隸安慶府桐城	-
49	吳國琦	三甲	直隸安慶府桐城	民
50	韓鍾勳	三甲	直隸常州府武進縣	民
51	鍾震陽	三甲	直隸寧國府宣城縣	民
52	王夢鼎	三甲	直隸蘇州府常熟縣	民
53	汪惟效	三甲	直隸徽州府祁門縣	民
54	韓如愈	三甲	直隸揚州府興化縣	-
55	賀儒修	三甲	直隸鎮江府丹徒縣	-
56	汪猶龍	三甲	直隸安慶府懷寧縣	-
57	史元調	三甲	直隸鎮江府金壇縣	民
58	張鳳翥	三甲	直隸安慶府宿松縣	民
59	劉綿祚	三甲	直隸常州府武進縣	民
60	戈簡	三甲	直隸廣德州	民
61	姚鼎科	三甲	直隸常州府江陰縣	民
62	汪承詔	三甲	直隸寧國府寧國縣	民
63	項人龍	三甲	直隸徽州府歙縣	民
64	張夬	三甲	直隸鎮江府金壇縣	民

65	陸奮飛	三甲	直隸淮安府宿遷縣	民
66	申芝芳	三甲	直隸蘇州府嘉定縣	民
67	王芝瑞	三甲	應天府江寧縣	民
68	陸朗	三甲	應天府上元縣	民
69	李清	三甲	直隸揚州府興化縣	-
70	何謙	三甲	直隸蘇州府崑山縣	-
71	閻汝梅	三甲	直隸揚州府江都縣	民
72	張一如	三甲	直隸太平府蕪湖縣	民
73	龔銘	三甲	直隸鎮江府金壇縣	-
74	王錫蕃	三甲	直隸常州府無錫縣	民
75	汪運光	三甲	直隸揚州府江都縣	民
76	馬成名	三甲	應天府溧陽縣	民
77	王士鑠	三甲	直隸鎮江府金壇縣	民
78	曹天錫	三甲	直隸常州府江陰縣	民
79	王重	三甲	直隸鎮江府金壇縣	民
80	許士揚	三甲	直隸蘇州府長洲縣	民

崇禎七年甲戌科（1634）：南直隸籍進士共 59 名〔註85〕

序號	姓　名	甲　次	現籍地	籍
1	吳國華	一甲	直隸常州府宜興縣	民
2	楊昌祚	一甲	直隸寧國府宣城縣	民
3	陳組綬	二甲	直隸常州府武進縣	民
4	李青	二甲	直隸鎮江府金壇縣	民
5	周之璵	二甲	直隸蘇州府吳縣	民
6	嚴栻	二甲	直隸蘇州府常熟縣	民
7	易震吉	二甲	南京鷹揚衛	軍
8	徐葆初	二甲	直隸揚州府江都縣	民
9	孫謀	二甲	直隸常州府宜興縣	民
10	葉世瑛	二甲	直隸安慶府桐城縣	民
11	朱永佑	二甲	直隸松江府上海縣	民
12	蘇瓊	二甲	直隸池州府石棣縣	民
13	戴英	二甲	直隸常州府宜興縣	民

〔註85〕史料依據為《碑錄》。

14	王永積	二甲	直隸常州府無錫縣	民
15	葛遇朝	二甲	直隸廬州府無為州巢縣	-
16	劉自竑	二甲	直隸淮安府山陽縣	-
17	吳昌時	三甲	直隸蘇州府吳江縣	民
18	荊本澈	三甲	直隸鎮江府金壇縣	民
19	孫襄	三甲	直隸寧國府宣城縣	民
20	葛維恒	三甲	直隸淮安府沐陽縣	民
21	周啟	三甲	直隸蘇州府長洲縣	民
22	祝啟庸	三甲	直隸廬州府六安州	民
23	吳文瀛	三甲	直隸松江府青浦縣	民
24	鄧藩錫	三甲	直隸鎮江府金壇縣	民
25	許直	三甲	直隸揚州府如皋縣	民
26	汪宗友	三甲	直隸徽州府休寧縣	民
27	彭慶圖	三甲	直隸建陽衛	軍
28	謝鼎新	三甲	應天府溧陽縣	-
29	寧予慶	三甲	河南潁川衛	軍
30	陳文顯	三甲	直隸安慶府太湖縣	民
31	羅炌	三甲	直隸徽州府歙縣	民
32	汪元兆	三甲	直隸徽州府婺源縣	民
33	吳鍾巒	三甲	直隸常州府武進縣	民
34	朱芾煌	三甲	直隸廬州府無為州	-
35	翁元益	三甲	直隸松江府上海縣	民
36	李長倩	三甲	直隸揚州府興化縣	-
37	龔鼎孳	三甲	直隸廬州府合肥縣	-
38	成友謙	三甲	直隸揚州府海門縣	-
39	楊枝起	三甲	直隸金山衛	軍
40	楊振甲	三甲	直隸揚州府興化縣	民
41	王士英	三甲	直隸揚州府興化縣	-
42	陶嘉祉	三甲	直隸常州府武進縣	民
43	沈肩元	三甲	直隸蘇州府長洲縣	-
44	王孫蕙	三甲	直隸常州府無錫縣	民
45	劉維仁	三甲	直隸寧國府宣城縣	民
46	唐士嶸	三甲	直隸常州府無錫縣	民
47	凌世韶	三甲	應天府江寧縣	-

48	張琦	三甲	直隸常州府無錫縣	民
49	光時亨	三甲	直隸安慶府桐城縣	民
50	韓獻策	三甲	直隸鳳陽府潁州	民
51	張星煒	三甲	直隸鎮江府丹徒縣	民
52	殷宜中	三甲	直隸鎮江府丹徒縣	-
53	沈元龍	三甲	直隸蘇州府吳江縣	民
54	吳洪昌	三甲	直隸常州府宜興縣	民
55	汪國策	三甲	應天府六合縣	-
56	蔣拱辰	三甲	直隸鎮江府丹徒縣	民
57	林沖宵	三甲	直隸鳳陽府霍邱縣	民
58	任天成	三甲	直隸廬州府舒城縣	民
59	路邁	三甲	直隸常州府宜興縣	民

崇禎十年甲戌科（1634）：南直隸籍進士共 54 名 [註86]

序號	姓　名	甲　次	現籍地	籍
1	趙士春	一甲	直隸蘇州府常熟縣	民
2	高世泰	二甲	直隸常州府無錫縣	民
3	高璣	二甲	直隸常州府江陰縣	民
4	陸自岩	二甲	直隸常州府武進縣	民
5	宮繼蘭	二甲	直隸揚州府泰州	-
6	洪天擢	二甲	直隸徽州府歙縣	民
7	吳貞啟	二甲	直隸常州府宜興縣	民
8	段冠	二甲	直隸鎮江府金壇縣	民
9	趙士錦	二甲	直隸蘇州府常熟縣	民
10	王行儉	二甲	直隸常州府宜興縣	民
11	包爾庚	二甲	直隸松江府上海縣	民
12	吳嘉禎	二甲	應天府六合縣	民
13	吳克孝	二甲	直隸蘇州府太倉州	民
14	章曠	二甲	直隸松江府華亭縣	民
15	劉若宜	二甲	直隸安慶府懷寧縣	民
16	堵胤錫	二甲	直隸常州府無錫縣	民
17	葉士彥	二甲	直隸廬州府巢縣	民

[註86] 史料依據為《碑錄》。

18	吳適	三甲	直隸蘇州府長洲縣	民
19	施風儀	三甲	直隸蘇州府嘉定縣	民
20	陳子龍	三甲	直隸松江府青浦縣	-
21	胡時亨	三甲	直隸常州府無錫縣	民
22	蔣鳴玉	三甲	直隸鎮江府金壇縣	民
23	許孟卿	三甲	直隸蘇州府常熟縣	民
24	吳培昌	三甲	直隸松江府華亭縣	民
25	顧棻	三甲	直隸常州府無錫縣	民
26	蔣棻	三甲	直隸蘇州府常熟縣	民
27	張明弼	三甲	直隸鎮江府金壇縣	-
28	湯有慶	三甲	直隸蘇州府長洲縣	民
29	曹鼎臣	三甲	直隸揚州府如皋縣	民
30	劉憲章	三甲	直隸常州府武進縣	民
31	奚士龍	三甲	直隸松江府華亭縣	民
32	盛王贊	三甲	直隸蘇州府吳縣	民
33	時敏	三甲	直隸蘇州府常熟縣	-
34	丁辛	三甲	直隸常州府武進縣	民
35	錢源	三甲	應天府江寧縣	民
36	儲堪	三甲	直隸揚州府泰州	-
37	吳繼善	三甲	直隸蘇州府常熟縣	-
38	秦鏞	三甲	直隸常州府無錫縣	民
39	吳應恂	三甲	直隸常州府宜興縣	民
40	毛毓祥	三甲	直隸常州府武進縣	民
41	王猷	三甲	直隸鎮江府丹陽縣	民
42	孫以敬	三甲	直隸蘇州府太倉州	民
43	唐昌齡	三甲	直隸松江府青浦縣	-
44	王景雲	三甲	直隸鳳陽府天長縣	民
45	徐調元	三甲	直隸常州府無錫縣	民
46	吳春枝	三甲	直隸常州府宜興縣	民
47	周銓	三甲	直隸鎮江府金壇縣	民
48	趙玉成	三甲	直隸蘇州府吳縣	民
49	王浸大	三甲	直隸廬州府合肥縣	民
50	袁定	三甲	直隸松江府上海縣	民
51	郝錦	三甲	直隸六安州	-

52	潘自得	三甲	直隸鳳陽府盱眙縣	民
53	何鼎鉉	三甲	直隸常州府無錫縣	民
54	孫鼎	三甲	直隸揚州府江都縣	-

崇禎十三年庚辰科（1640）：南直隸籍進士共 43 名〔註87〕

序號	姓　名	甲　次	現籍地	籍
1	田有年	二甲	直隸安慶府宿松縣	民
2	顏渾	二甲	直隸安慶府懷寧縣	民
3	葛奇祚	二甲	應天府高淳縣	民
4	吳方思	二甲	直隸常州府武進縣	民
5	呂陽	二甲	直隸常州府無錫縣	民
6	周正儒	二甲	直隸常州府宜興縣	民
7	姚宗衡	二甲	直隸徽州府歙縣	民
8	胡周鼎	二甲	直隸蘇州府太倉州	-
9	宣國柱	二甲	直隸安慶府懷寧縣	民
10	趙玉森	二甲	直隸常州府無錫縣	民
11	錢志驤	二甲	直隸鎮江府丹徒縣	民
12	驥式金	二甲	直隸常州府無錫縣	民
13	徐律時	二甲	直隸寧國府宣城縣	民
14	楊球	二甲	直隸常州府武進縣	民
15	路朝陽	二甲	直隸常州府宜興縣	民
16	方以智	二甲	直隸安慶府桐城縣	民
17	馮士驊	二甲	直隸蘇州府吳縣	民
18	楊瓊芳	三甲	應天府句容縣	民
19	游有倫	三甲	直隸徽州府婺源縣	民
20	黃廷才	三甲	直隸鳳陽府泗州	民
21	吳晉錫	三甲	直隸蘇州府吳縣	民
22	吳永孚	三甲	直隸松江府華亭縣	民
23	夏時泰	三甲	應天府上元縣	民
24	洪明偉	三甲	直隸徽州府歙縣	民
25	張士楚	三甲	直隸徽州府績溪縣	民
26	趙繼鼎	三甲	直隸常州府武進縣	民

〔註87〕史料依據為《碑錄》。

27	單恂	三甲	直隸松江府華亭縣	民
28	胡士瑾	三甲	直隸池州府貴池縣	民
29	顧其言	三甲	直隸金山衛	軍
30	周世臣	三甲	直隸常州府宜興縣	民
31	陳臺孫	三甲	直隸淮安府山陽縣	民
32	呂兆龍	三甲	直隸鎮江府金壇縣	民
33	錢世貴	三甲	直隸松江府華亭縣	民
34	馬之瑛	三甲	直隸安慶府桐城縣	民
35	翟翼	三甲	直隸寧國府涇縣	民
36	姚孫棐	三甲	直隸安慶府桐城縣	民
37	楊宗簡	三甲	應天府溧陽縣	民
38	董來思	三甲	直隸蘇州府長洲縣	民
39	沈雲祚	三甲	直隸蘇州府太倉州	民
40	毛協恭	三甲	直隸常州府宜興縣	民
41	羅策	三甲	南京欽天監	民
42	李綺	三甲	直隸松江府上海縣	民
43	于華玉	三甲	直隸鎮江府金壇縣	民

崇禎十六年癸未科（1643）：南直隸籍進士共 93 名〔註88〕

序號	姓　名	甲　次	現籍地	籍
1	楊廷鑑	一甲	直隸常州府武進縣	民
2	宋之繩	一甲	應天府溧陽縣	民
3	陳名夏	一甲	應天府溧陽縣	民
4	陳丹衷	二甲	應天府上元縣	民
5	周鍾	二甲	直隸鎮江府金壇縣	民
6	秦汧	二甲	直隸常州府無錫縣	民
7	吳國龍	二甲	直隸廬州府全椒縣	民
8	歸起先	二甲	直隸蘇州府常熟縣	民
9	朱積	二甲	直隸松江府華亭縣	民
10	鄭元勳	二甲	直隸揚州江都縣	-
11	金拱敬	二甲	直隸滁州	民
12	包壯行	二甲	直隸揚州府通州	民

〔註88〕史料依據為《碑錄》。

13	周奭	二甲	直隸淮安衛	軍
14	黃淳耀	二甲	直隸蘇州府嘉定縣	民
15	吳貞毓	二甲	直隸常州府宜興縣	民
16	吳璿	二甲	直隸常州府宜興縣	民
17	丘俊孫	二甲	直隸淮安衛	軍
18	姚文然	二甲	直隸安慶府桐城縣	民
19	陸貽吉	二甲	直隸蘇州府吳縣	民
20	李皓	二甲	直隸鎮江府金壇縣	民
21	荊廷實	二甲	直隸鎮江府丹陽縣	民
22	徐丙晉	二甲	直隸松江府華亭縣	民
23	王澧	二甲	直隸蘇州府常熟縣	民
24	於沚	二甲	直隸鎮江府金壇縣	民
25	沈龍	二甲	直隸松江府華亭縣	民
26	張清議	二甲	直隸安慶府懷寧縣	民
27	陸慶衍	二甲	直隸松江府華亭縣	民
28	姜宗灝	三甲	直隸揚州府興化縣	民
29	馮斐	三甲	直隸鎮江府金壇縣	民
30	吳國鼎	三甲	應天府六合縣	民
31	宋微璧	三甲	直隸松江府華亭縣	民
32	郁汝持	三甲	直隸松江府華亭縣	民
33	李用楫	三甲	直隸常州府宜興縣	民
34	溫璜	三甲	直隸鎮江府金壇縣	民
35	劉徐謨	三甲	直隸安慶府懷寧縣	民
36	凌駒	三甲	直隸徽州府歙縣	民
37	莊恒	三甲	直隸常州府武進縣	民
38	汪姬生	三甲	直隸徽州府休寧縣	民
39	史夏隆	三甲	直隸常州府宜興縣	民
40	汪觀光	三甲	直隸徽州府歙縣	民
41	朱玉升	三甲	直隸淮安府山陽縣	民
42	曹鳴遠	三甲	直隸徽州府婺源縣	民
43	蔡元宸	三甲	直隸常州府武進縣	民
44	陶元祐	三甲	直隸常州府武進縣	民
45	施召徵	三甲	直隸常州府無錫縣	民
46	宮偉鏐	三甲	直隸揚州府泰州	民

47	黃鍾諧	三甲	直隸常州府無錫縣	民
48	王風仁	三甲	直隸淮安府山陽縣	民
49	顧咸建	三甲	直隸蘇州府崑山縣	民
50	馬瑞	三甲	直隸常州府無錫縣	民
51	鄭為虹	三甲	直隸揚州府儀真縣	民
52	王玉藻	三甲	直隸揚州府江都縣	民
53	單世德	三甲	直隸廬州府巢縣	民
54	強恂	三甲	直隸常州府無錫縣	民
55	吳剛思	三甲	直隸常州府武進縣	民
56	陳震生	三甲	直隸常州府無錫縣	民
57	徐徵麟	三甲	直隸常州府宜興縣	民
58	盧象觀	三甲	直隸常州府宜興縣	民
59	卜雲吉	三甲	直隸常州府武進縣	民
60	方名榮	三甲	直隸廬州府巢縣	民
61	汪鉉	三甲	直隸安慶府懷寧縣	民
62	華洊吉	三甲	直隸常州府無錫縣	民
63	林一元	三甲	直隸寧國府太平縣	民
64	曾五典	三甲	直隸蘇州府太倉州	民
65	方學聖	三甲	直隸池州府貴池縣	民
66	吳易	三甲	直隸蘇州府吳江縣	民
67	孫榘	三甲	直隸淮安府鹽城縣	民
68	王景亮	三甲	直隸蘇州府吳縣	民
69	許國傑	三甲	直隸蘇州府太倉州	民
70	李待問	三甲	直隸松江府上海縣	民
71	王曰俞	三甲	直隸蘇州府常熟縣	-
72	梁於涘	三甲	直隸揚州府江都縣	民
73	劉曙	三甲	直隸蘇州府長洲縣	民
74	張豽之	三甲	直隸松江府華亭縣	民
75	朱懋華	三甲	直隸寧國府南陵縣	民
76	趙庚	三甲	直隸蘇州府吳縣	民
77	張若義	三甲	直隸松江府青浦縣	民
78	毛羽皇	三甲	直隸常州府武進縣	民
79	王宗熙	三甲	直隸松江府華亭縣	民
80	馬夢桂	三甲	直隸蘇州府常熟縣	民

81	秦之鑑	三甲	直隸常州府武進縣	民
82	顧之俊	三甲	直隸蘇州府長洲縣	民
83	龐霶	三甲	直隸蘇州府吳縣	民
84	洪維翰	三甲	直隸蘇州府歙縣	民
85	沈士英	三甲	直隸松江府華亭縣	民
86	程言	三甲	直隸徽州府歙縣	民
87	夏供佑	三甲	直隸鳳陽府壽州	民
88	王泰際	三甲	直隸蘇州府嘉定縣	民
89	許學	三甲	直隸常州府無錫縣	民
90	吳伯尚	三甲	直隸常州府武進縣	民
91	龔廷祥	三甲	直隸常州府無錫縣	民
92	陸亮輔	三甲	直隸松江府華亭縣	民
93	錢爾登	三甲	直隸常州府無錫縣	-